道岔转换控制设备

——通用要求、ZD6 型、案例

主　编　张希宁

副主编　杜　恒　张洪强　黎金启

北京交通大学出版社

·北京·

内 容 简 介

本书介绍了道岔、道岔转换控制设备及道岔转换控制设备维修管理上的通用要求；描述了道岔转换控制设备的基本组成和基本原理；设备维修的方法，标准；处理故障的方法和步骤。列举了一些道岔转换控制设备维修、故障实例。

本书可作为城市轨道交通信号专业技术人员和维修人员的参考用书。也可作为高等院校及高等职业技术学院城市轨道交通信号专业学生的教材和教学参考用书。

版权所有，侵权必究。

图书在版编目（CIP）数据

道岔转换控制设备：通用要求、ZD6型、案例/张希宁主编 . --北京：北京交通大学出版社，2022.5

ISBN 978－7－5121－4717－1

Ⅰ.①道… Ⅱ.①张… Ⅲ.①道岔转辙机-基本知识 Ⅳ.①U284.72

中国版本图书馆 CIP 数据核字（2022）第 071772 号

道岔转换控制设备——通用要求、ZD6型、案例
DAOCHA ZHUANHUAN KONGZHI SHEBEI——TONGYONG YAOQIU、ZD6XING、ANLI

责任编辑：韩素华

出版发行：北京交通大学出版社　　　　电话：010－51686414　http：//www.bjtup.com.cn

地　　址：北京市海淀区高梁桥斜街44号　　邮编：100044

印 刷 者：北京时代华都印刷有限公司

经　　销：全国新华书店

开　　本：185 mm×260 mm　印张：10.5　字数：269 千字

版 印 次：2022 年 5 月第 1 版　　2022 年 5 月第 1 次印刷

印　　数：1~1 000 册　定价：59.00 元

本书如有质量问题，请向北京交通大学出版社质监组反映。对您的意见和批评，我们表示欢迎和感谢。

投诉电话：010－51686043，51686008；传真：010－62225406；E-mail：press@ bjtu.edu.cn。

前　　言

　　城市轨道交通在人们的出行中发挥着越来越重要的作用，道岔转换控制设备作为轨道交通基础设施中的关键设备，为轨道交通的安全、高效发挥着不可替代的作用。道岔转换控制设备的维修质量将直接影响道岔转换控制设备的正常运转，提高设备维修质量，缩短故障处理时间，在维修工作中显得尤为重要。

　　编者积 30 多年维修、管理经验，从现场维修角度编写了本书。

　　本书就道岔、道岔转换控制设备及道岔转换控制设备维修管理上的通用要求进行讲述；还对道岔转换控制设备（ZD6 型、ZDJ9 型、S700K 型和 ZYJ7+SH6 型）组成、原理、维修方法、故障判断和处理进行介绍；列举了一些道岔转换控制设备维修案例及故障案例。

　　本书在编写过程中广泛参阅了有关文献资料，在此谨向这些文献资料的作者和出版单位表示衷心感谢。本书得到了北京大象科技有限公司、北京市地铁运营有限公司通信信号分公司维修五项目部、北京运捷科技有限公司、广西交控智维科技发展有限公司的大力协助，在此表示衷心感谢。本书图片由张景春制作，原理图由刘雅祯制作，本书得到了肖培龙、喻智宏、郭金贵的指导，在此表示衷心感谢。由于作者水平能力有限，书中有疏漏之处，恳请广大读者批评指正。

　　本书分为上、中、下三册。上册介绍了道岔、道岔转换控制设备及道岔转换控制设备维修管理上的通用要求；描述了道岔转换控制设备（ZD6 型）组成、原理、维修和故障处理；列举了一些道岔转换控制设备维修案例和故障案例。

　　中册描述了道岔转换控制设备（ZDJ9 型）组成、原理、维修和故障处理；介绍了交流 8 线制道岔转换控制电路。

　　下册描述了道岔转换控制设备（S700K 型和 ZYJ7+SH6 型）的组成、原理、维修和故障处理。

编者

2022 年 4 月

目　录

第一章　道岔转换控制设备通用要求

要做好道岔转换控制设备维修工作，就要对道岔转换控制设备的组成、原理、作用有初步的了解。

第一节　道岔转换控制设备概述

一、道岔设备组成

道岔是列车从一股道转向另一股道的转辙设备，它是铁路线路中最关键的特殊设备，也是信号设备的主要控制对象之一。

道岔通过道岔转换设备转换到规定位置并进行锁闭。

1. 道岔组成

道岔主要由基本轨、尖轨、滑床板、第一连接杆、第二连接杆、第三连接杆等组成，这些都是线路专业的设备，如图 1-1 所示。

图 1-1　道岔组成设备图

2. 道岔分类

（1）按基本轨大小可分为：43 kg/m 钢轨、50 kg/m 钢轨、60 kg/m 钢轨。

（2）按道岔大小可分为：5 号道岔、7 号道岔、9 号道岔、12 号道岔。

（3）按道岔结构可分为：直尖轨道岔、曲尖轨道岔。

二、道岔转换控制设备

道岔转换控制设备主要由控制电路设备、电缆、转辙机、各种杆件（安装装置、动作杆、表示杆）、各种绝缘等组成，这些都是信号专业的设备。

道岔转换控制设备的作用是把操作员的意图通过道岔转换控制设备，将道岔转到规定位置，锁闭良好并给出相应位置表示。

道岔转换控制设备包括室内设备和室外设备。

1. 道岔转换控制设备控制电路室内设备

道岔转换控制设备控制电路室内设备包括控制台、现地工作站、应急盘、组合柜、防雷分线柜和电源屏等设备，如图 1-2 所示。

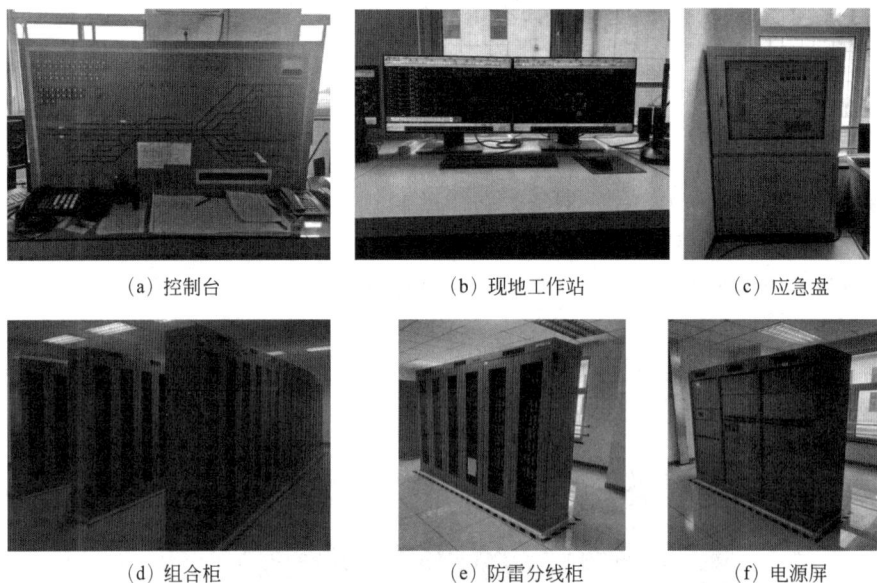

(a) 控制台 (b) 现地工作站 (c) 应急盘

(d) 组合柜 (e) 防雷分线柜 (f) 电源屏

图 1-2　道岔转换控制设备控制电路室内设备

道岔转换室内控制电路设备的作用如下。

(1) 控制台、现地工作站、应急盘，用于操作员办理各种列车、调车作业。

(2) 电源屏提供相应电源。

(3) 组合柜用于安装各种继电器组合、继电器等设备。

(4) 防雷分线柜用于室内、室外电缆分界点，分线柜一侧是室外电缆，另一侧是室内导线。

这些设备通过导线把不同设备和器材联系在一起，组成了一套完整的室内控制电路设备。

2. 道岔转换控制室外设备

道岔转换控制室外设备参见图 1-1。

道岔转换控制室外设备的作用如下。

（1）电缆将道岔转换控制电路（室内）设备与转辙机连接起来。

（2）安装装置将转辙机与道岔基本轨连接起来。

（3）各种杆件将转辙机与道岔尖轨连接起来。

（4）各种绝缘将转辙机、安装装置和各种杆件与道岔基本轨和尖轨之间电气隔离。

电缆、安装装置、各种杆件、绝缘把转辙机和道岔连接在一起，组成了室外道岔转换控制设备。

3. 道岔转换控制（室外）设备分类

（1）安装装置和各种杆件，都是配合道岔尖轨来安装。所以安装装置和各种杆件也有众多型号。但是不管它是哪种型号，其功能都是一致的。

（2）安装装置和各种杆件与道岔尖轨连接方式，可分为分动连接和联动连接。

（3）安装装置和各种杆件绝缘主要是与基本轨和尖轨进行电气隔离。

第二节　道岔转换控制设备控制电路原理

一、道岔转换控制电路设备分类

道岔转换控制电路是道岔转换控制设备的控制部分，用来控制、改变道岔开通方向，正确反映道岔尖轨位置状态的设备。

1. 道岔转换控制电路按不同型号转辙机分类

（1）直流电动转辙机道岔转换控制电路。本书转辙机以 ZD6 型电动转辙机，控制电路以四线制为主。

（2）交流电动转辙机道岔转换控制电路。本书转辙机以 ZDJ9 型电动转辙机、S700K 型电动转辙机，控制电路以五线制为主。

（3）交流电液转辙机道岔转换控制电路。本书转辙机以 ZYJ7 型电液转辙机，控制电路以五线制为主。

2. 道岔转换控制电路按不同功能分类

（1）启动电路：控制电动转辙机转换动作的电路。

（2）表示电路：将道岔实际位置正确反映出的电路。

3. 道岔转换控制电路按控制不同道岔分类

（1）单动道岔转换控制电路。

（2）双动道岔转换控制电路。

4. 道岔转换控制电路按牵引转辙机数量分类

（1）单机单动道岔转换控制电路。

（2）单机双动道岔转换控制电路。

（3）双机单动道岔转换控制电路。

（4）双机双动道岔转换控制电路。

二、道岔转换控制电路要求与作用

1. 道岔转换控制启动电路要求

(1) 道岔区段有车，道岔不能启动。当道岔区段有车占用时，联锁设备对该区段道岔进行锁闭，此种锁闭称为区段锁闭，此时道岔不能启动转换（地铁在特殊情况下，在人工确认道岔区段无车占压情况下可强扳道岔）。

(2) 道岔在解锁状态下才能转换。道岔在锁闭状态下不能转换，只有道岔在解锁状态时才能接通启动电路。道岔锁闭状态有进路锁闭、单独锁闭、故障锁闭。

(3) 道岔一经启动应转到底。道岔一经启动，当道岔区段发生故障时，道岔启动电路不再检查轨道条件，道岔应能转换到底。

(4) 道岔不能自动启动。道岔在转换过程中因启动电路故障而停止转换。在故障排除后，道岔不能自动继续转动。

(5) 道岔转不到位能转回原位。道岔在转换过程中受阻（如尖轨与基本轨轨缝夹异物或密贴力调整过大）使道岔不能转换到位时，应能经人工操纵使道岔转回原位。

(6) 道岔转换完毕切断电源。道岔转换完毕后，控制电路应能自动切断启动电路电源。

2. 道岔转换控制启动电路作用

道岔转换控制启动电路作用是在联锁条件满足的前提下，按照操作员指令，通过相关继电器吸起和落下，将转辙机启动电源送到转辙机（电动机），使转辙机动作并带动尖轨改变与基本轨密贴位置，从而改变道岔开通方向。

3. 道岔转换控制启动电路分类

(1) 四线制，ZD6型电动转辙机。

(2) 五线制，ZDJ9型电动转辙机、S700K型电动转辙机、ZYJ7型电液转辙机。

(3) 八线制，ZDJ9型电动转辙机。

4. 道岔转换控制表示电路要求

(1) 道岔转换控制表示电路给出道岔表示应与道岔实际位置一致。

(2) 双机牵引道岔需检查两个转换设备均在同一位置，道岔转换控制表示电路方能构成该道岔位置表示。

(3) 双动道岔只有当两组道岔均在同一位置时，道岔转换控制表示电路方能构成该道岔位置表示。

5. 道岔转换控制表示电路作用

道岔转换控制表示电路通过电动转辙机自动开闭器接点反映现场道岔真实位置及道岔是否密贴；道岔转换表示电路设置了两个继电器；DBJ（定位表示继电器）和FBJ（反位表示继电器），实时反映出道岔当前处于定位、反位或"四开"（不是定位也不是反位）实际位置。

6. 道岔转换控制表示电路分类

道岔转换控制表示电路分为串联表示电路和并联表示电路。

(1) 串联表示电路：应用于直流转辙机表示电路。

(2) 并联表示电路：应用于交流转辙机表示电路。

第三节 道岔转换控制设备转辙机原理

转辙机是道岔转换控制设备中的执行部分，是用来改变道岔开通方向、锁闭道岔尖轨、正确反映道岔尖轨位置状态的设备。

一、道岔转换控制设备转辙机要求与作用

1．转辙机要求

（1）转辙机应具有足够大的牵引力以完成道岔尖轨转换。

（2）当转辙机因故转换不到位置时，应能随时操纵使其返回原来位置。

（3）转辙机作为锁闭器，当道岔尖轨转换到位置时，对尖轨实施锁闭，不应因外部力量解除该锁闭；当因故转换不到位置时，不应实施锁闭。

（4）转辙机应能实时反映道岔定位、反位和四开状态。

（5）转辙机被挤后，在未修复前不能继续转换道岔。

2．转辙机作用

（1）将道岔尖轨开通方向进行转换，使道岔尖轨处于定位或反位。

（2）道岔尖轨转换到位并与基本轨密贴后，自动切断道岔启动电路，并且实现对道岔尖轨机械锁闭，防止外力改变道岔尖轨位置。

（3）道岔尖轨转换至规定位置后，接通相应的表示电路，并且实时监测表示电路的回路是否正常。

（4）当道岔发生挤岔时，可靠切断表示电路。在任何条件下，当道岔尖轨处于"四开"位置（尖轨与基本轨不密贴）时，不能构通表示电路。

二、道岔转换控制设备转辙机分类

1．转辙机分类

（1）按是否有挤岔功能可分为：可挤型转辙机、不可挤型转辙机。

（2）按锁闭方式可分为：内锁闭型转辙机、内锁闭+外锁闭型转辙机。

（3）按启动电源可分为：直流转辙机、交流转辙机。

2．转辙机安装分类

转辙机分为左安装和右安装；转辙机安装位置和方向不同，其动作杆和表示杆伸出方向也不同，转辙机内自动开闭器闭合方式也不同。

1）转辙机安装位置判断方法（动作杆和表示杆伸出方向）

（1）左安装：站在线路中心岔尖处，面向辙岔，转辙机安装在线路左侧即为左安装，如图1-3所示。

（2）右安装：站在线路中心岔尖处，面向辙岔，转辙机安装在线路右侧即为右安装，如图1-4所示。

图 1-3　转辙机左安装

图 1-4　转辙机右安装

2）转辙机左安装、右安装的安装方式

（1）左安装有以下 4 种安装方式。

① 转辙机左安装，动作杆右出，拉入定位，伸出反位。

② 转辙机左安装，动作杆右出，伸出定位，拉入反位。

③ 转辙机左安装，动作杆左出，拉入定位，伸出反位。

④ 转辙机左安装，动作杆左出，伸出定位，拉入反位。

（2）右安装有以下 4 种安装方式。

① 转辙机右安装，动作杆左出，伸出定位，拉入反位。

② 转辙机右安装，动作杆左出，拉入定位，伸出反位。

③ 转辙机右安装，动作杆右出，伸出定位，拉入反位。

④ 转辙机左安装，动作杆右出，拉入定位，伸出反位。

3）转辙机自动开闭器闭合判断方法（动作杆和表示杆伸出方向）

常用 4 种安装方式，具体如下。

（1）自动开闭器 1/3 闭合定位。

① 转辙机左安装，拉入定位，如图 1-5 所示。

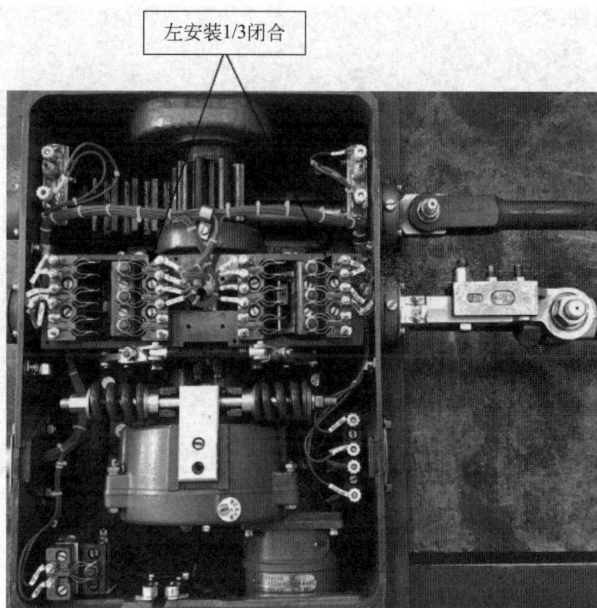

图 1-5　转辙机左安装拉入定位

② 转辙机右安装，伸出定位，如图 1-6 所示。

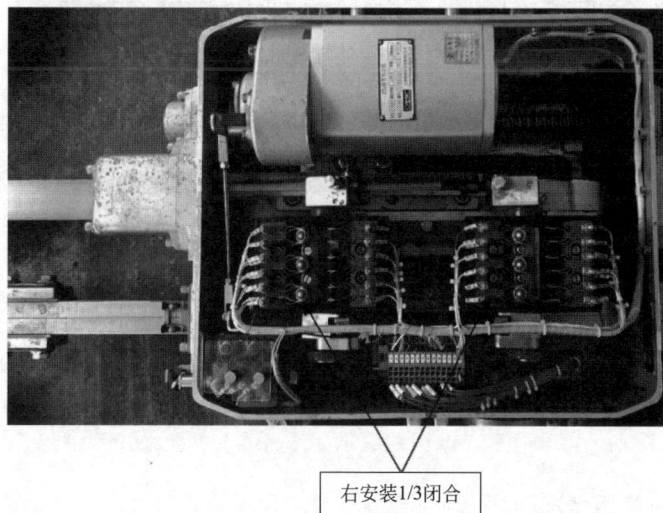

图 1-6　转辙机右安装伸出定位

（2）自动开闭器 2/4 闭合定位。

① 转辙机左安装，伸出定位，如图 1-7 所示。

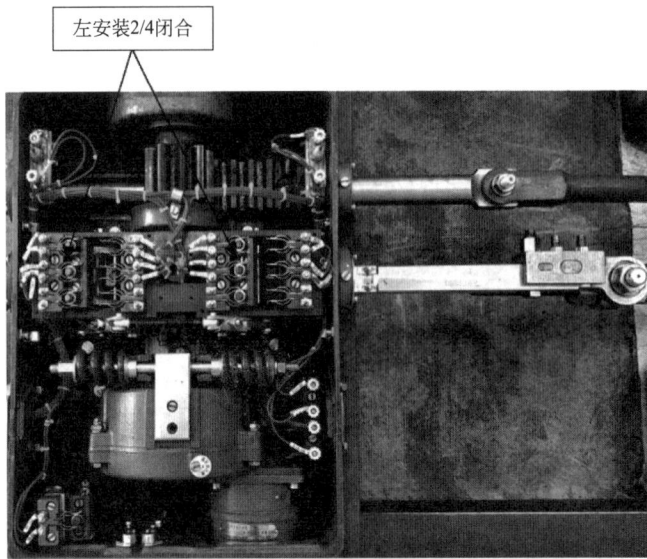

左安装2/4闭合

图 1-7　转辙机左安装伸出定位

② 转辙机右安装，拉入定位。如图 1-8 所示。

右安装2/4闭合

图 1-8　转辙机右安装拉入定位

三、地铁转辙机使用情况

地铁目前使用的转辙机有：ZD6 型直流转辙机、ZDJ9 型交流转辙机、S700K 型交流转辙机、ZYJ7 型交流电液转辙机等。

1. ZD6 型直流转辙机

ZD6 型直流转辙机是电动、内锁、可挤型转辙机，适用于联动道岔。

2. ZDJ9 型交流转辙机

ZDJ9 型交流转辙机主要有以下 4 种。

（1）电动、内锁、可挤型转辙机，适用于联动道岔。

（2）电动、内锁、不可挤型转辙机，适用于联动道岔。

（3）电动、外锁、可挤型转辙机，适用于分动道岔。

（4）电动、外锁、不可挤型转辙机，适用于分动道岔。

3. S700K 型交流转辙机

S700K 型交流转辙机主要有以下 2 种。

（1）电动、外锁、可挤型转辙机，适用于分动道岔。

（2）电动、外锁、不可挤型转辙机，适用于分动道岔。

4. ZYJ7 型交流电液转辙机

ZYJ7 型交流电液转辙机主要有以下 2 种。

（1）ZYJ7 型转辙机：电液、外锁、不可挤型转辙机，适用于分动道岔。

（2）SH6 转换锁闭器：液压、外锁、可挤型转辙机，适用于分动道岔。

第四节　道岔转换控制设备安装装置、各种杆件及绝缘原理

　　安装装置、各种杆件及绝缘是道岔控制转换设备中的执行部分，安装装置、各种杆件及绝缘将线路基本轨、道岔尖轨与转辙机固定并连接在一起。

　　安装装置、各种杆件及绝缘是道岔控制转换设备保证安全的重要设备之一，主要功能是执行转辙机动作命令，转换道岔尖轨到规定位置，保持与基本轨密贴，将转辙机命令执行情况（位置及状态）反馈给转辙机并进行实时监督。

　　安装装置、各种杆件的绝缘是将安装装置、各种杆件、转辙机与基本轨、道岔尖轨实现电气隔离。

一、道岔转换控制设备安装装置、各种杆件及绝缘组成与连接方式

（一）道岔转换控制设备安装装置、各种杆件及绝缘组成

（1）安装装置及绝缘。

（2）转换部分（密贴调整杆，外锁闭装置）杆件及绝缘。

（3）表示部分（外表示杆）杆件及绝缘。

（二）道岔转换控制设备安装装置、各种杆件及绝缘与基本轨和尖轨连接方式

安装装置、各种杆件及绝缘与基本轨和尖轨连接方式可分为联动连接和分动连接。

1. 联动连接

此种连接方式主要适用于内锁道岔。

1）联动连接适用情况

（1）ZD6 型转辙机单机联动连接，如图 1-9 所示。

（2）ZDJ9 型转辙机单机联动连接，如图 1-10 所示。

图 1-9　ZD6 型转辙机单机联动连接

图 1-10　ZDJ9 型转辙机单机联动连接

（3）ZDJ9 型转辙机双机联动连接，J1 如图 1-11 所示，J2 如图 1-12 所示。

图 1-11　ZDJ9 型转辙机双机联动连接 J1

图 1-12　ZDJ9 型转辙机双机联动连接 J2

　　此种连接方式是道岔转换结束后，转辙机内部进行锁闭，将道岔尖轨固定在某一开通位置，保证在列车通过时，不受轮对撞击而改变位置，为了保持道岔密贴，转辙机不间断地输出密贴力以保证尖轨密贴。

　　2）联动连接（内锁道岔）特点

　　（1）连接方式为框式结构，道岔两根尖轨由密贴调整杆、外表示杆连接，在转换时比较平稳，结构简单，便于日常养护维修。

　　（2）框式结构（两尖轨固定）尖轨部分的整体钢性较高，造成道岔反弹力和抗劲较大，使道岔启动、解锁、转换、锁闭时阻力大。

（3）道岔锁闭后，为了维持尖轨与基本轨密贴，转辙机不间断地保持密贴力输出。

（4）由于内锁闭是通过杆件对尖轨进行间接锁闭，一旦这些杆件、销轴弯曲或折断，会使尖轨与基本轨分离。

（5）当列车通过道岔时，会产生撞击力和上下振动力，将会通过尖轨传递到各部杆件及转辙机内部，使各部连接杆件弯曲、折断或转辙机内部件受损。

（6）内锁道岔表示口分为主口和副口，当主口发生变化时必定影响副口，当主口发生变化达到卡口程度时必定副口同时卡口，这样会造成定、反位均无表示，影响较大。

（7）第二牵引点尖轨无安装表示杆位置，只能安装在轨道专业方钢处，在"铁标"中规定信号销专业销孔框动量不大于 0.5 mm，而轨道专业销孔框动量不大于 1 mm，对信号表示影响较大。

2. 分动连接

此种连接方式主要适用于外锁道岔。

1）转辙机双机分动连接

转辙机双机分动连接 J1 如图 1-13 所示，转辙机双机分动连接 J2 如图 1-14 所示。

图 1-13 转辙机双机分动连接 J1   图 1-14 转辙机双机分动连接 J2

此种连接方式是在道岔转换结束后，外锁闭装置将道岔密贴尖轨与基本轨进行直接锁闭，同时将道岔斥离尖轨固定在标准开口位置，这种锁闭方式提高了道岔尖轨牵引点处的结构刚性。

2）分动连接（外锁道岔）特点

（1）改变了传统框架式结构，两根尖轨分别动作（一根先动作，一根后动作），使尖轨整体钢性大幅下降。一根尖轨变形不影响另一根尖轨，避开了两根尖轨最大反弹力叠加，由此反弹力、抗劲等转换阻力均大幅减小，转换更加平稳。

（2）外锁闭装置道岔尖轨与基本轨锁闭后，转辙机不需要密贴力输出，锁闭后转辙机无任何负担。

（3）由于两尖轨间无连接杆件，所以密贴尖轨很难在外力作用下与基本轨分离。

（4）当列车通过道岔时，会产生撞击力和上下振动力，外锁道岔将所受外力大部分消耗在外锁装置中，因外锁道岔各部杆件均是分离的，所以对各部杆件及转辙机内部件损伤极小。

（5）外锁道岔不仅尖轨采用分动，表示同时采用分动，这样无论哪个位置表示缺口发生变化时均不会影响另外一侧表示缺口，当变化到卡口程度同样不会影响另一侧表示缺口，确保此道岔有一侧表示，不会像内锁道岔出现两侧均无表示的情况发生。

（6）日常养护维修工作量略有增加。

二、道岔转换控制设备安装装置、各种杆件及绝缘要求与作用

1. 安装装置、各种杆件及绝缘要求

（1）安装装置、各种杆件及绝缘应将基本轨和道岔两根尖轨可靠连接起来。

（2）各种杆件带动道岔两根尖轨移动，改变道岔开通方向，即定位或反位。

（3）绝缘应将基本轨和两根尖轨电气隔离。

2. 安装装置、各种杆件及绝缘作用

（1）密贴调整杆作用。实现转辙机与道岔尖轨连接，完成转辙机转换力传递，带动道岔尖轨转换到指定位置，并能够调整道岔尖轨定位、反位分别与基本轨密贴。

（2）外表示杆作用。将尖轨状态及位置传递至转辙机。

（3）安装装置作用。安装、固定转辙机。

（4）绝缘作用。

① 使长角钢与基本轨实现电气隔离。

② 使密贴调整杆、外表示杆与道岔尖轨实现电气隔离。

第五节　道岔转换控制设备维修

一、道岔转换控制设备维修安全注意事项及作用

1. 维修安全注意事项

（1）在三轨、接触网附近工作，有触电危险。所有人员和所携带的物件与接触网设备、牵引变电设备和电动列车的带电部分，接触轨必须保持 1.2 m 以上、接触网必须保持 2 m 以上的安全距离。

（2）在洞下、车场道岔区段行走时。严禁走电动道岔岔尖，不要把手、脚放在岔尖与基本轨之间，随时注意瞭望列车与来往车辆；当横越线路时，要执行"一站、二看、三通过"制度；严禁跳跃接触轨；不得在车辆下部、钢轨、接触轨防护板或枕木上休息；不得蹬踏接触轨防护板。

（3）工作时。当听到出洞广播时，必须在 30 min 内结束工作，清理好现场，离开洞内，及时向原登记的综控室注销。

（4）工作未完成或未经妥善处理，不准停止工作或离开工作地点。工作完成后，由作业负责人负责监督清理工作地点，同时联系车站综控员进行设备动作试验，确认设备工作正常后方可离开。

（5）当洞内设备发生故障，需要临时修复时。必须经车站综控员同意和行车调度员批准，并在《施工检修登记簿》中进行登记，经综控员签认后，在保证安全的基础上穿着反光背心，方可进入区间作业。在不具备躲避条件的区间工作时须先要求停运，必须指定专人做好安全监护，在保证安全的基础上方可进入区间作业。

（6）检修开始前，必须断开手动安全接点。防止误操作道岔，对检修人员造成人身伤害。

2. 维修作用

道岔转换控制设备在工作中由于负荷、磨损、撞击、腐蚀和自然环境等因素的影响，会造成道岔转换控制设备的机械性能下降、螺丝紧固强度下降、绝缘磨损损伤，尺寸、形状改变等问题发生，使道岔转换控制设备性能降低，最终造成道岔转换控制设备故障。

维修是保证道岔转换控制设备安全正常运行、延长道岔转换控制设备使用寿命，检查道岔转换控制设备机械性能及相关指标合格，避免道岔转换控制设备存在风险（隐患），防止道岔转换控制设备故障发生。

3. 维修工作原则

1）三不动

（1）未联系登记好不动。

（2）对设备的性能、状态不清楚不动。

（3）正在使用中的设备（指已办好进路或闭塞的设备）不动。

2）三不离

（1）工作完毕后（配合作业后），不彻底试验良好不离。

（2）影响设备正常使用的缺点未彻底修好前不离（一时克服不了的缺点，应停运后恢复）。

（3）发现设备有异状未查清原因前不离。

3）三预想

（1）工作前预想联系、登记、检修设备、防护措施是否妥当。

（2）工作中预想有无漏检、漏修和只检不修造成妨害的可能。

（3）工作后预想检和修是否彻底，复查试验、加封加锁、销记手续是否完备。

4）四不放过

（1）事故原因未查清不放过。

（2）责任人员未处理不放过。

（3）责任人员和群众未受教育不放过。

（4）没有吸取教训，做出预防、整改措施未落实不放过。

5）工作人员必须严格执行作业纪律，严禁以下工作

（1）严禁甩开联锁条件，借用电源动作设备。

（2）严禁采用封连线或其他手段封连各种信号设备电气接点。

（3）严禁在轨道电路上拉临时线构通电路造成死区间，或者盲目用提高轨道电路送电端电压的方法处理故障。

（4）严禁当色灯信号机灯光灭灯时，用其他光源代替。

（5）严禁甩开联锁条件，人为沟通道岔假表示。

（6）严禁未登记要点，使用手摇把转换道岔。

（7）严禁代替行车人员按压按钮、转换道岔、检查进路、办理闭塞和开放信号。

6）处理故障时必须执行三个清

在处理故障时，要做到时间清、地点清、原因清。

7）三级施工安全措施

（1）施工前的准备措施。

（2）施工中单项作业措施、安全卡控措施及安全防护措施。

（3）施工后检查试验措施，以及发生故障时的应急措施。

二、道岔转换控制设备控制电路维修注意事项

（1）清扫检查继电器、熔断器及配线。不要碰歪及触碰到其他设备。

（2）测试检查。确认仪表性能良好，检查表线绝缘良好，无破损，正确使用仪表量程，防止造成短路或烧毁仪表；确认位置正确，注意不要测试到其他设备或端子，造成封连短路或测试数值不准确。

（3）更换器材。确认器材位置及器材名称，防止错误插拔或错误更换器材。更换器材不得碰到其他器材。

（4）试验检查。确认正确，注意不得错误试验其他设备。

三、道岔转换控制设备转辙机维修注意事项

（1）切断电源。最好将启动及表示电源切断，如果室内人员不满足，必须切断转辙机手动安全接点。

（2）轨道区段行走。在轨道区段行走，容易滑倒摔伤，在轨道区段行走时利用行人道或枕木作为落脚点，注意脚下安全。

（3）在接触轨（网）附近工作。注意有触电危险。在接触轨（网）区段，所有人员和所携带物件与接触轨（网）设备、牵引变电设备和电动列车带电部分必须保持 2 m 以上安全距离。与接触轨（网）间距不足 2 m 时，必须在接触轨（网）停电后方可作业。

（4）使用工具。在使用工具时，容易滑出碰伤、摔伤。利用较平整地面或枕木作为落脚点，握紧工具，使工具卡牢螺栓、螺母。

（5）开、合转辙机机盖。手不得放在机盖与机壳接触部分，防止机盖夹手。

（6）道岔进行转换试验。工作人员远离道岔尖轨、杆件等转换部位，避免夹伤手、脚。

（7）不得触碰齿轮、滚珠丝杠。不得用手指触碰齿轮、滚珠、丝杠等旋转部件。

四、道岔转换控制设备各种杆件维修注意事项

（1）必须佩戴手套。

（2）手指不能探入销孔内，防止夹伤或切断手指。

（3）不能手扶钢轨，不能把手放在尖轨与基本轨之间。

（4）不得脚踏钢轨及钢轨杆件等转辙部位，防止滑倒造成磕伤、摔伤。

（5）当道岔进行转换实验时，应远离道岔尖轨、杆件等转换部位。

五、道岔转换控制设备维修试验

1. 控制电路维修试验

（1）继电器等器件安装良好，无歪斜。

（2）当道岔转换时，继电器动作正常、平稳、无异响。

（3）DBJ/FBJ吸起状态与现地工作站显示道岔定位/反位一致。

2. 转辙机维修试验

（1）当转辙机转换动作时平稳无异响。

（2）当转辙机转换动作时，电动机、减速器及传动器件无转速突然增快或减慢骤变情况。

（3）当转辙机转换动作时，自动开闭器的静接点、动接点接触位置在变换时无拉弧现象。

（4）转辙机带动尖轨转换实际开通位置与现地工作站表示位置一致。

3. 各种杆件及绝缘维修试验

（1）当道岔转换时，尖轨转换过程中尖轨动作顺畅，无停顿、无摩卡、无异声，尖轨不抖动。

（2）道岔转换过程中各部杆件与其他杆件及安装基础无摩卡接触。

六、道岔转换控制设备转辙机维修进入和出清

（一）进入和出清

1. 进入（作业前）

（1）在工作开始前召开安全交底工作会议，形成书面的安全交底记录表。

（2）由施工负责人安排人员对所要携带进入作业地点的安全用具、设备、物料、备件、工机具、劳动防护用品等进行检查和清点并拍照留底，按照分类将物品名称和数量填写在《线路出清检查表》中，并在各项目的"检查人"处签字确认。

2. 作业中

（1）到达作业地点后，作业人员需将工具、物料、备件等集中放置在明显位置，并在使用完后，及时放回原位，严禁随意摆放。

（2）作业过程中消耗的物料，需在《线路出清检查表》中对应位置进行记录。

（3）作业中如有拆除原有设备、备件情况，需将拆除后产生的物料和备件种类及数量在《线路出清检查表》中进行记录。

（4）离开当前作业场地之前，作业人员应将所携带工具、物料等带离作业场地，由施工负责人对作业场地进行出清检查，确保无遗留工具、物料、劳保用品等。

3. 出清（作业后）

（1）施工作业完成后，离开轨行区或段场作业地点前，施工负责人应安排人员，再一次

对安全用具、设备、物料、备件、工机具、防护用品、人员等进行核对，与进场前照片比对，并按照要求填写《线路出清检查表》中相关项目。

（2）《线路出清检查表》中各项内容核对、填写完成后，由施工负责人最终确认并签署。

（二）线路出清检查表

1. 表头填写要求

（1）作业名称、作业地点、作业时间：根据实际工作情况填写。

（2）施工负责人：填写本次施工负责人姓名。

（3）施工计划号：若该项工作已在施工计划中发布，"施工计划号"处填写对应施工计划编号。

2. 安全用具

勾选该项施工所需安全用具，并列明作业前数量和出清数量。

3. 劳动防护用品

列明所穿戴和携带劳动防护用品，如反光衣、安全帽、手电或头灯之类防护用品。

4. 维护作业所需各类设备、物料、备件

（1）列明该项施工所需要用到的设备、物料和备件，按照种类和型号分别记录数量。

（2）消耗性物料、备件，还需记录消耗数量，核对时应确保出清数量+消耗数量＝工作前数量。

5. 工机具

（1）列明该项施工所需要用到的工具、机具，分别记录工作前数量和出清数量。

（2）不同型号同类工具应分别进行检查和记录。

（3）存放在工具包内的工具，也应在表中逐个进行记录。

6. 维护中拆除物料、备件

记录维修过程中拆除的物料或备件，记录并核对拆除数量与出清数量。

7. 人员出清

记录并核对进入作业场地作业人数与离开作业场地人数。

8. 其他事项说明

记录其他出清相关的事项，如出清过程中发现其他作业人员或遗留物件等。

9. 签署

（1）检查人。《线路出清记录表》中每个项目的实际检查人核对无误后签署。

（2）施工负责人。《线路出清记录表》中所有项目核对完成，且检查人全部签署后，施工负责人在最下方签署姓名和日期。

七、道岔转换控制设备转辙机维修登记和销记

1. 登记

（1）施工负责人按规定时间与行车调度员核对施工计划。

（2）施工负责人按规定时间到车站综控室办理登记手续（车站综控室人员记录并审核施工计划相关信息后进行清点操作，经行车调度员审核，确认批准施工有效）。

（3）车站综控室人员在《施工登记表》中签字后方可进行施工。

（4）需异地销记的施工作业，施工负责人应在车站登记时说明异地销记地点和人数，登记站要及时将施工登记信息通知异地销记站，登记站应在系统中发起异地销记操作（销记站接到登记站通知后，应在《施工登记表》中进行补登记）。

2. 销记

（1）施工完毕后，施工负责人确认施工区域线路出清完毕并具备销记条件后，到车站综控室办理销记手续，车站销记操作后，告知行车调度员施工销记信息。

（2）异地销记的施工作业，由销记站确认本站和登记站状态正常后，可进行销记操作（应在《施工登记表》中填写销记信息），并告知行车调度员施工销记信息，在销记站销记完毕后，销记站应及时通知登记站。

第六节 道岔转换控制设备故障

信号维修、检修人员要熟知管内设备分布情况，要熟知道岔控制电路启动电路和表示电路原理，要熟知道岔控制电路继电器动作顺序、定型组合的组合配线情况，要熟知各种故障下的故障现象，且能够熟练进行操作实验。

信号维修、检修人员要熟知各种型号转辙机工作原理、元器件性能及指标、转辙机内部配线情况，要熟知各种故障现象，且能够熟练进行操作实验。

信号维修、检修人员要熟知各种杆件及绝缘工作原理、性能及指标；要能够熟知各种故障现象，并能够熟练进行操作实验，才能快速、准确判断故障原因，及时处理故障。

一、道岔转换控制设备故障分类

道岔故障多种多样、五花八门，但按照性质归纳起来分电路故障和机械故障两种。

1. 电路故障

电路故障可分为断路（开路）故障和短路（线间短路、双点接地短路）故障。

（1）断路（开路）故障：在电路回路中由于元器件烧坏或接线脱落，出现分压过大或完全断开，导致回路设备不能正常工作，此种故障简称断路（开路）故障。

（2）短路（线间短路、双点接地短路）故障：在电路回路中，电源两极未经过负载，直接或间接构成回路，导致设备不能正常工作，且导致电源熔断器熔断，此种故障简称短路故障。

2. 机械故障

机械故障又分转辙机故障、杆件故障和绝缘故障。

（1）转辙机故障：转辙机内部机件损伤或损坏、卡阻。

（2）杆件故障：各种杆件、销子、螺栓松动；卡阻（异物掉落卡阻、机械卡阻）。

（3）绝缘故障：绝缘破损、损伤或损坏。

二、道岔转换控制设备故障处理与交付

1. 电路故障

实验看现象：故障时操作台（控制台）有关道岔相关信息。

（1）在扳动道岔时相应道岔表示灯是否有变化，是否道岔定位无表示、反位无表示、定位和反位均无表示。

（2）电流表显示是否正常，电流表指针动作，电流表指针不动作。

（3）挤岔表示灯是否点亮，挤岔电铃是否鸣响。

查实与确认：根据故障现象及判断，与实际继电器位置状态及动作顺序核实确认，用多用表进行测试查找，确定出故障点。

处理与交付：根据查找出故障点的实际情况进行调整、更换等处理，经实验后交付使用。

2. 转辙机故障

实验看现象：打开转辙机及电缆盒，检查转辙机及电缆盒内部各部件是否正常，各接点、配线是否良好。

查实与确认：用手摇把摇动转辙机，检查各机件工作是否正常；用多用表测量相应的端子，检查工作电压是否正常，以此来确定故障点。

处理与交付：根据查找出的故障点的实际情况进行调整、更换等处理，经实验后交付使用。

3. 杆件和绝缘故障

实验看现象：检查动作杆、表示杆、外锁闭装置连接牢固，无旷动、无松动。

查实与确认：检查动作杆、表示杆、外锁闭装置各部工作状态是否正常，无异物掉落。

处理与交付：根据查找出故障点的实际情况进行调整、更换等处理，经实验后交付使用。

三、道岔转换控制设备故障处理方法

（一）电路故障处理方法

处理电路故障一般情况下采用电压法查找故障，对于能断开电源或故障（静态）状态下无电压的电路，也可采用电阻法查找故障。

1. 电压法

电压法查找故障方式、方法很多，简单介绍3种利用电压查找故障方法——夹点法、分段法（掐中法）、借电法。

1）夹点法

此种方法的前提条件是电路构通，适用于电路较为简单，条件比较少的电路，直接用多用表电压档测试电路中接通继电器接点或电路中连接线缆，无电压为正常（因为测试点为一根线或闭合接点），电路中所有接点及相关配线逐一测试，直至测试电压与电源电压一致时，证明测试点间断路（开路），如图1-15所示。

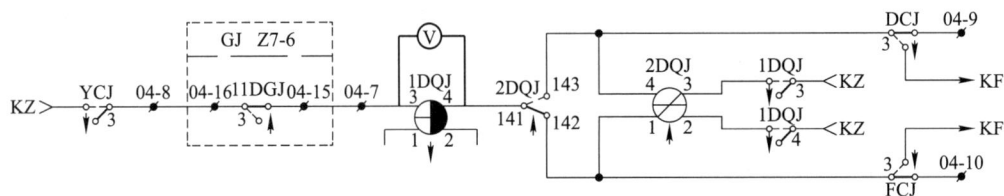

图1-15 夹点法原理图

此种方法比较简单，对于小零散电路比较实用、快捷，而且思路清晰，不容易混淆。

2）分段法（掐中法）

此种方法的前提条件是电路构通，适用于复杂电路、条件比较多或区分室内、室外故障测试方法，如当故障牵扯室内和室外时，直接在分线柜测试，将故障直接缩小一半，并且将室内或室外故障直接判断出来，可缩短故障判断、处理时间。分段法（掐中法）原理图如图1-16所示。

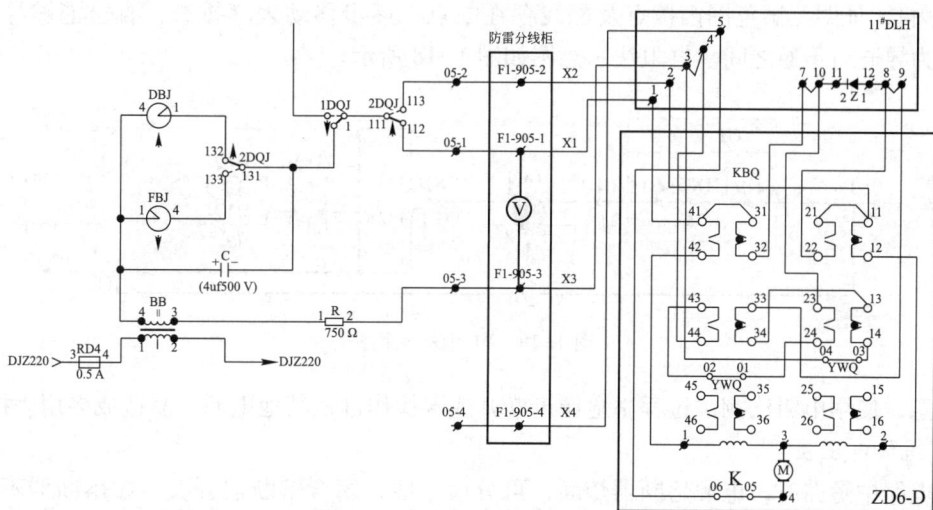

图1-16　分段法（掐中法）原理图

如果室外表示电路开路故障在分线柜测试结果为：交流电压110 V，相当于表示变压器二次电压。

如果室内表示电路开路故障在分线柜测试结果为：交流电压0 V，证明表示变压器二次电源未送到此位置。

3）借电法

此种方法适合室内电路故障查找，前提条件是电路构通或单电源条件构通，简单电路和复杂电路都适用。

例如，1DQJ未吸起；用多用表量继电器线圈两端有无直流24 V电压。如果有电压，但继电器未吸起，则是继电器故障；如果没有24 V电压，将负表笔留在原处，正表笔去借KZ电源（06-1/06-2），如果没有24 V电源，证明KF电源未送到此处，查找方向为KF电源方向逐步测试，直至测到有电时，故障点为无电和有电之间；正表笔去借KZ电源（06-1/06-2），如果有24 V电源，证明KF电源已送到此处，查找方向为KZ电源方向逐步测试，直至测到无电时，故障点为有电和无电之间。借电法原理图如图1-17所示。

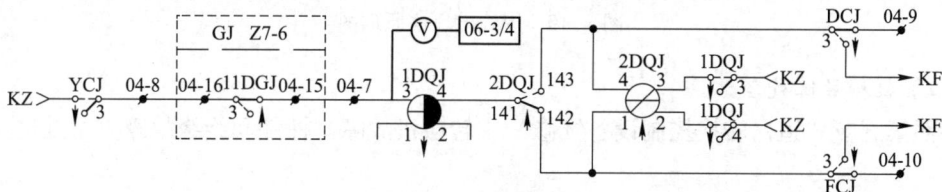

图1-17　借电法原理图

电压法查找故障时注意事项：电路里如果有条件继电器，如 YCJ、DCJ/FCJ 接点，只有在操纵道岔时才会吸起 7 s 左右，并且在电路两端，因此测试该电路时一定要注意相关继电器状态，防止出现错误判断。

2. 电阻法

此种方法适用于故障回路无电压或能够断开回路电源的情况。电阻法是使用多用表欧姆档导通电路连接线缆和相关接点，能够导通，证明测试范围内接点及配线正常，不通（电阻无穷大），证明测试范围内接点及配线存在断点，逐步移动表笔排查，直至能够导通时，故障点为导通与不通之间。电阻法示意图如图 1-18 所示。

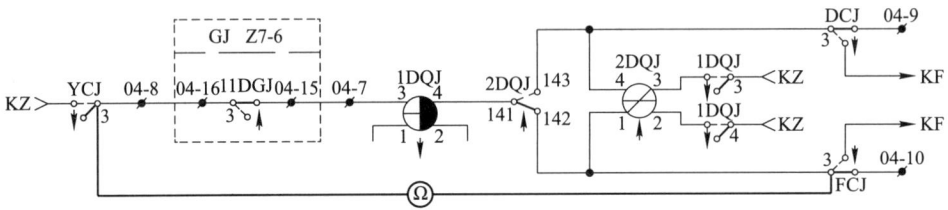

图 1-18　电阻法示意图

注意，使用电阻法测试过程中电源未断开或误操作进入其他电源，易造成多用表损坏。

3. 甩线电压法

当电路中短路时，电源熔断器熔断，可分段甩线，闭合熔断器开关，如熔断器不熔断，证明短路点在甩线后方，可逐步甩线查找故障点；如甩线后闭合熔断器仍然熔断，证明短路点在甩线前方，往电源方向甩线查找故障点。甩线电压法原理图如图 1-19 所示。

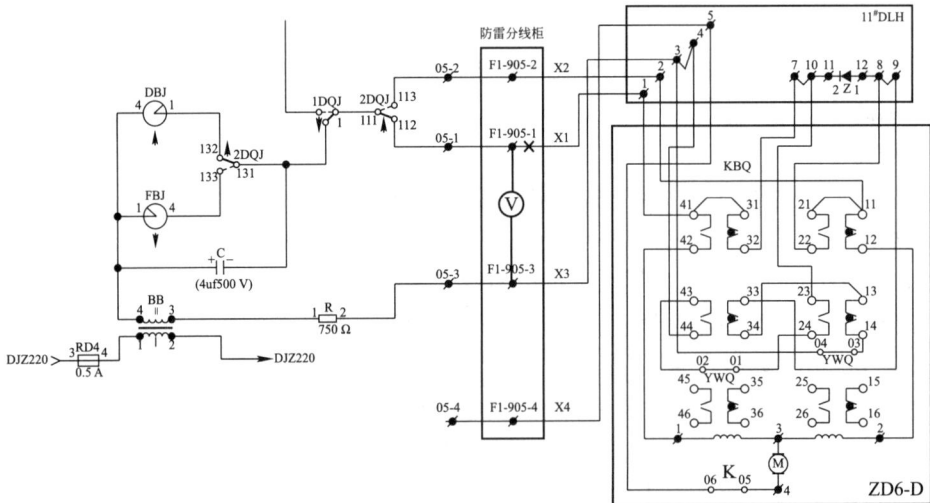

图 1-19　甩线电压法原理图

（二）机械故障处理方法

参照第五节"道岔转换控制设备维修"中转辙机故障、杆件和绝缘故障方法处理。

第二章　ZD6直流道岔转换控制设备原理

ZD6型系列电动转辙机是我国铁路和地铁使用广泛的电动转辙机。

本章主要介绍ZD6直流道岔转换控制设备控制电路原理、ZD6型直流转辙机原理、ZD6直流转辙机安装装置各种杆件及绝缘原理、ZD6直流道岔转换控制电路继电器接点使用表和ZD6直流道岔转换控制电路原理图等内容。

◆ 第一节　ZD6直流道岔转换控制设备控制电路原理

ZD6直流道岔转换控制设备控制电路分为道岔启动电路和道岔表示电路两部分。启动电路是道岔接受联锁指令的电路，表示电路是把道岔位置反映到联锁系统里的电路。

一、单机单动道岔ZD6直流道岔转换控制设备控制电路

道岔控制电路是由多种继电器驱动的，是联锁系统的基本电路，满足"故障-安全"原则。

（一）单机单动道岔ZD6直流道岔转换控制电路图及相关设备

1. 道岔控制电路图

ZD6直流道岔控制电路图如图2-1所示。

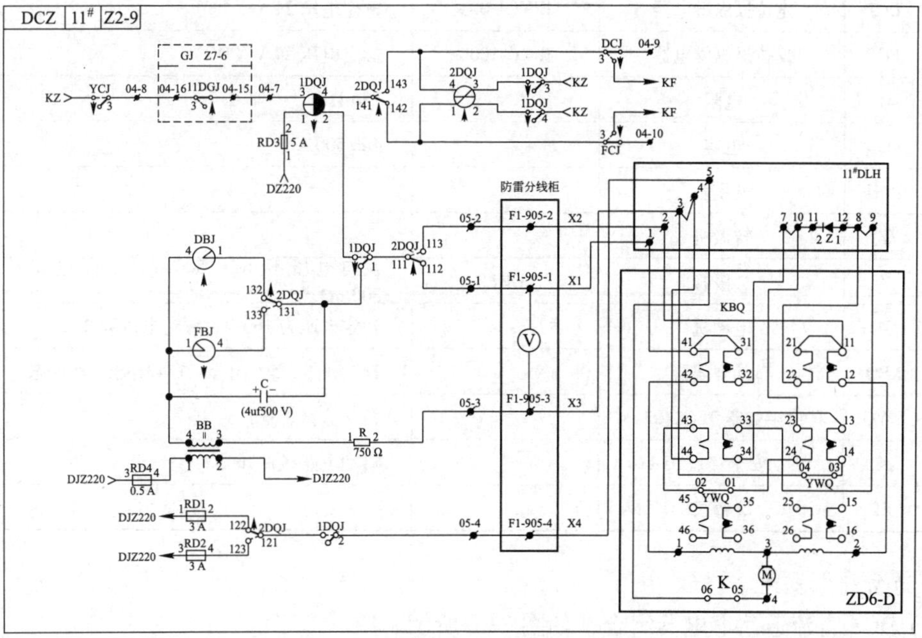

图2-1　ZD6直流道岔控制电路图

1）图中左上角方框内容及含义

DCZ：组合名称——直流转辙机道岔组合。

11#：本组合对应道岔号——11 号道岔。

Z2-9：本组合的具体位置——第 2 个继电器组合架，第 9 层。

2）图纸虚线框及虚线框内部内容含义

虚线框：虚线框内设备或接点不属于本道岔组合自身的设备或接点。

GJ：虚线框组合名称——轨道电路组合。

Z7-6：虚线框组合的具体位置——第 7 个继电器组合架，第 6 层。

2. 器材对照表

器材对照表见表 2-1。

表 2-1　器材对照表

序号	代号	名称	型号	参数
1	RD1 RD2	熔断器	3 A（直流）	熔断值是标称值 1.5~2 倍
2	RD3	熔断器	5 A（直流）	熔断值是标称值 1.5~2 倍
3	RD4	熔断器	0.5 A（交流）	熔断值是标称值 1.5~2 倍
4	1DQJ	第一道岔启动继电器	JWJXC-H125/0.44	额定电压 24 V（DC）；缓放时间 0.4~0.5 s
5	2DQJ	第二道岔启动继电器	JYJXC-135/220 JYJXC-160/260	额定电压 24 V（DC）、位置保持
6	DBJ	定位表示继电器	JPXC-1000	额定电压 24 V（DC）
7	FBJ	反位表示继电器	JPXC-1000	额定电压 24 V（DC）
8	YCJ	允许操纵继电器	JPXC-1000	额定电压 24 V（DC）
9	DCJ	定位操纵继电器	JPXC-1000	额定电压 24 V（DC）
10	FCJ	反位操纵继电器	JPXC-1000	额定电压 24 V（DC）
11	R	电阻		750 Ω
12	C	电容		4uf/500 V
13	DLH	电缆盒		
14	ZZJ	转辙机		
15	Z	二极管	2DP1D	反向电压不小于 500 V，正向电流不小于 300 mA
16	M	电动机		额定电压为 160 V，额定电流为 2 A
17	KBQ	自动开闭器		1/3 闭合；2/4 闭合；1/4 闭合 3 种形态
18	YWQ	移位接触器 01-02/03-04		挤岔监督装置
19	K	手动安全接点 05-06		启动电路机械开关
20	CI	联锁机		

3. 道岔继电器组合

（1）DCZ 直流道岔继电器组合，如图 2-2 所示。

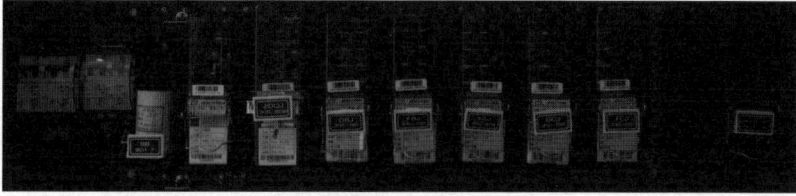

图 2-2　DCZ 直流道岔继电器组合

（2）DCZ 直流道岔继电器组合器材名称，如图 2-3 所示。

RR DD 12	RR DD 34	BB	1 D Q J	2 D Q J	DBJ	FBJ	YCJ	DCJ	FCJ		R \ C	

图 2-3　DCZ 直流道岔继电器组合器材名称

（3）道岔继电器组合端子，如图 2-4 所示。

图 2-4　道岔继电器组合端子

（4）道岔继电器组合端子器材名称，如图 2-5 所示。

侧面端子		R \ C		FCJ	DCJ	YCJ	FBJ	DBJ	2 D Q J	1 D Q J	BB	RR DD 34	RR DD 12	侧面端子

图 2-5　道岔继电器组合端子器材名称

（5）侧面端子。每个道岔组合侧面有 6 列端子，称侧面端子。侧面端子设置在组合背部两侧，由 01、02、03、04、05、06 端子排组成，01~03 为一组，在组合右侧，04~06 为一组，在组合左侧，如图 2-6 所示。每列端子排由 18 个接线端子从上向下排序成 1~18 号，如代号为 03-18 端子是第 3 列端子排第 18 号端子，图中代号为 05-12 端子是第 5 列端子排第 12 号端子等。

侧面04~06　　　　侧面01~03

图 2-6　侧面端子

侧面端子完整书写为：Z2-903-18，其含义如图2-7所示。

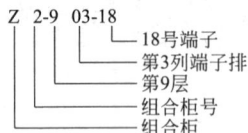

```
Z 2-9 03-18
          └── 18号端子
       └───── 第3列端子排
    └──────── 第9层
  └────────── 组合柜号
 └─────────── 组合柜
```

图2-7　侧面端子表示含义

侧面端子的作用是道岔组合内部配线与组合外部配线的对接端子。

4. 道岔控制电路所需电源

道岔控制电路所需电源有转辙机动作电源DZ220 V/DF220 V、表示电源DJZ220 V/DJF220 V、继电器动作电源KZ24 V/KF24 V。

（1）DZ220 V/DF220 V（转辙机动作电源），如图2-8所示。

电源屏-3		Z2-零层	Z2-零层		Z2-零层	Z2-9	Z2-9	
DZ220 V	4D-36	D2-3	D9-1 10 A熔断器	D9-2	D13-7	906-15	RD1-1	
DF220 V	4D-38	D2-4	D9-3 10 A熔断器	D9-4	D13-8	906-16	RD2-3	3 A熔断器
							RD3-5	3 A熔断器
								5 A熔断器

图2-8　启动电源DZ220 V/DF220 V配线图

图2-8是启动电源DZ220 V/DF220 V配线示意图，现场实际图纸是分别在3张图纸上体现出来的，分别是："电源环线配线图""组合柜零层端子配线图""道岔组合内部配线图"。

（2）电源来自电源屏，如图2-9所示。

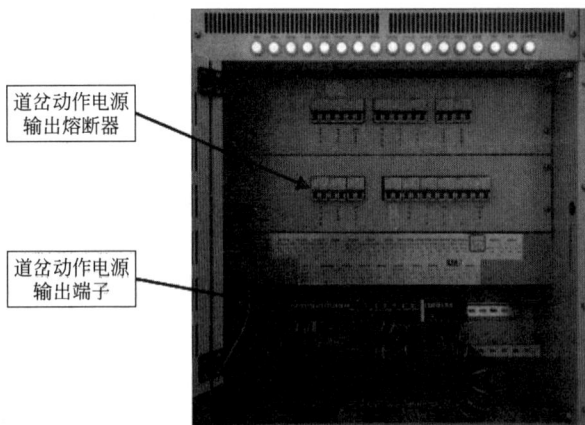

道岔动作电源输出熔断器

道岔动作电源输出端子

图2-9　电源屏

（3）电源屏电源并不是直接接入道岔继电器组合内部，而是先接入组合架零层，为了防止电路短路直接熔断电源屏断路器，所以在组合架零层设置了相应的电源熔断器，当出现电路短路时熔断零层熔断器，不会熔断电源屏熔断器，防止故障升级。

组合柜零层正面端子，如图2-10所示。

图 2-10 组合柜零层正面端子

组合柜零层正面端子名称，如图 2-11 所示。

电源引入端子 D1	电源引入端子 D2	电源引入端子 D3	电源引入端子 D4	电源引入端子 D5	熔断器端子 D6	熔断器端子 D7	熔断器端子 D8	熔断器端子 D9	熔断器端子 D10	熔断器端子 D11	电源输出端子 D12	电源输出端子 D13

D1~D5 为组合电源引入端子（4 柱端子）位置；D6~D11 为组合电源熔断器位置；
D12、D13 为本组合零层电源输出端子（18 柱端子）位置

图 2-11 组合柜零层正面端子名称

组合柜零层背面端子，如图 2-12 所示。

图 2-12 组合柜零层背面端子

组合柜零层背面端子名称，如图 2-13 所示。

电源输出端子 D13	电源输出端子 D12	熔断器端子 D11	熔断器端子 D10	熔断器端子 D9	熔断器端子 D8	熔断器端子 D7	熔断器端子 D6	电源引入端子 D5	电源引入端子 D4	电源引入端子 D3	电源引入端子 D2	电源引入端子 D1

图 2-13 组合柜零层背面端子名称

（4）DJZ220 V/DJF220 V（道岔表示电路电源配线图），如图 2-14 所示。

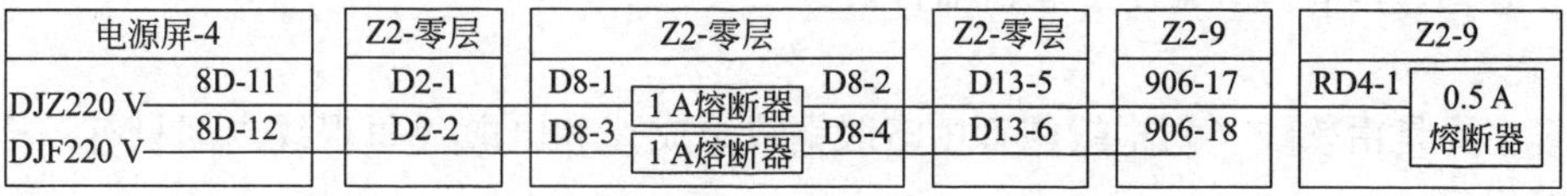

电源屏-4		Z2-零层	Z2-零层		Z2-零层	Z2-9	Z2-9	
DJZ220 V — 8D-11	D2-1	D8-1	1 A熔断器	D8-2	D13-5	906-17	RD4-1	0.5 A 熔断器
DJF220 V — 8D-12	D2-2	D8-3	1 A熔断器	D8-4	D13-6	906-18		

图 2-14 道岔表示电路电源配线图

（5）KZ24 V/KF24 V（继电器动作电源配线图），如图 2-15 所示。

电源屏-4		Z2-零层	Z2-零层			Z2-零层	Z2-9
KZ24 V	8D-41	D1-1	D6-1		D6-2	D13-1	906-1/2
	8D-42	D1-2	D6-3	5 A 熔断器	D6-4	D13-2	906-3/4
KF24 V				5 A 熔断器			

图 2-15　继电器动作电源配线图

5. 防雷分线柜

（1）防雷分线柜端子（6柱端子），如图 2-16 所示。

图 2-16　防雷分线柜端子

（2）防雷分线柜端子（6柱端子）名称，如图 2-17 所示。

端子 01	端子 02	端子 03	端子 04	端子 05	端子 06	端子 07	端子 08	端子 09	端子 10	端子 11

图 2-17　防雷分线柜端子名称

（3）防雷分线柜作用：是室内线缆与室外电缆对接的设备；将所有对接端子以柜体方式集中设置，具备防雷功能。

（4）防雷分线柜端子完整书写为：F1-906-2，其含义如图 2-18 所示。

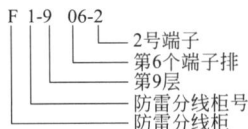

图 2-18　防雷分线柜名称含义

6. 电缆盒

电缆盒（DLH）是室外电缆（线缆）与室外设备对接的设备，能将所有对接端子装在盒内的设置，盒内有接线端子、整流器件。

7. 线缆

线缆主要是由软线（每根线内部由多股铜线组成）和电缆（每根线内部只有一根铜线）两种规格组成。

（1）软线：主要用于室内配线，继电器动作电路配线使用 23×0.15 mm 规格 0.4 mm^2 多股软线；道岔启动电源电路配线使用 7×0.52 mm 规格 1.5 mm^2 多股软线。

（2）电缆：主要用于连接室内和室外的设备，电缆必须使用有铠装防护，内部单芯线径不小于 1.0 mm²。

（二）单机单动道岔 ZD6 直流道岔转换启动电路

启动电路采用分级控制方式，首选由第一道岔启动继电器 1DQJ 检查联锁条件，然后由第二道岔启动继电器 2DQJ 控制电动机的旋转方向，最后由直流电动机转换道岔。

1. 启动电路图

启动电路组成：由 DZ220 V/DF220 V、RD1、RD2、RD3、1DQJ、2DQJ、DGJ、YCJ、FCJ、DCJ、ZZJ（M、KBQ、K）、DLH、继电器接点、连接线缆及电缆组成，如图 2-19 所示。

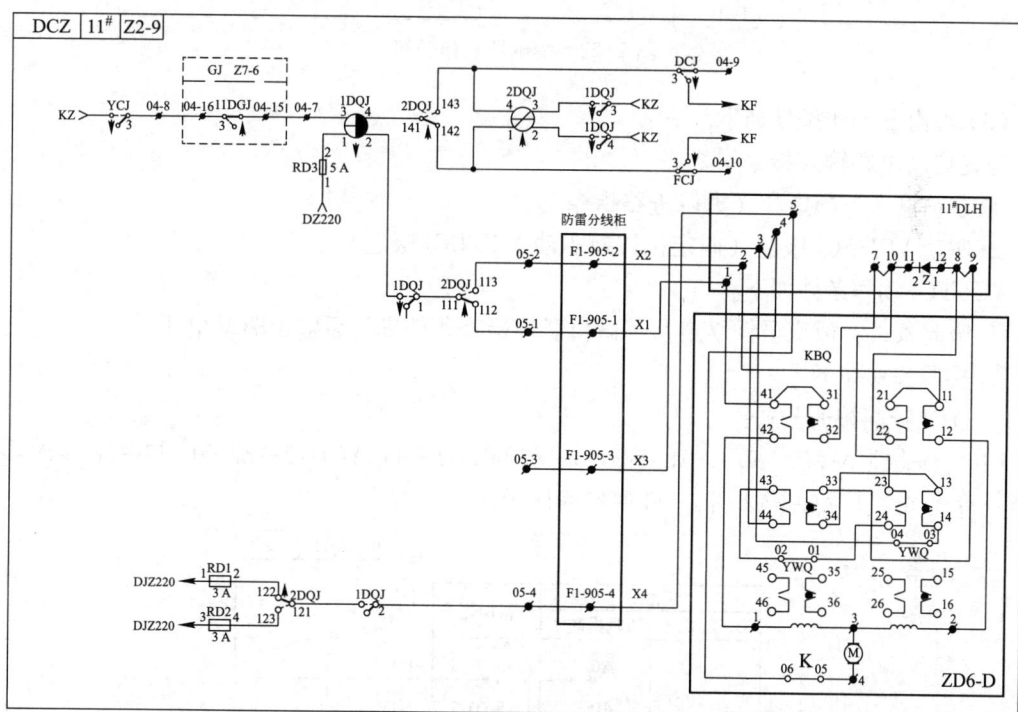

图 2-19　单机单动道岔 ZD6 直流道岔启动电路

2. 启动电路动作顺序

以转辙机 KBQ1/3 闭合，定位-反位单操操纵为例，如图 2-20 所示。

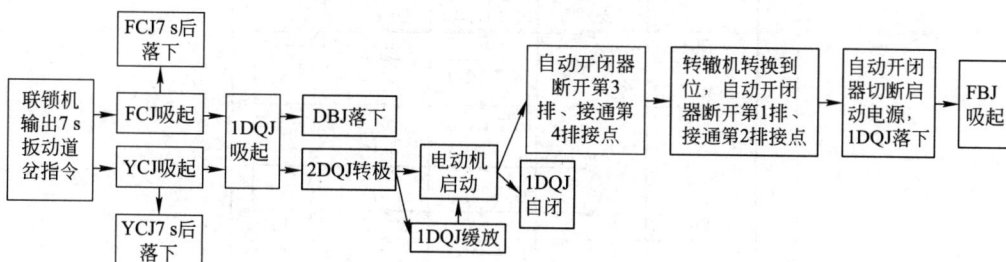

图 2-20　启动电路动作顺序

（1）继电器控制电路图，初始状态为定位，如图 2-21 所示。

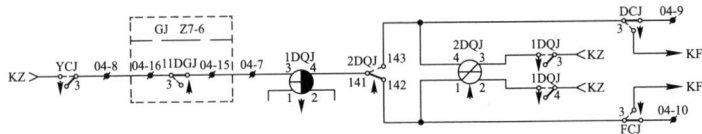

图 2-21　继电器控制电路图

（2）继电器动作顺序，如图 2-22 所示。

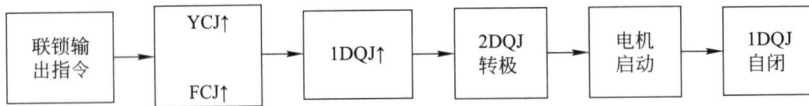

图 2-22　继电器动作顺序

（3）继电器动作条件如下。

道岔启动电路输入指令如下。

① 联锁输入单操指令（也可进路指令）。

② 驱动 YCJ/FCJ 吸起（向定位转换驱动 YCJ/DCJ 吸起）。

YCJ/FCJ 动作条件如下。

① 吸起条件：值班员操纵道岔—微机联锁检查条件满足后输出驱动电压。

② 接通公式如下。

● YCJ 吸起接通公式：

CI-A（联锁 A 机）A0+—JK-5-D1-6—Z2-901-11—11$^\#$ YCJ1-2—Z2-901-12—JK-5-D1-5—CI-A（联锁 A 机）A0−，如图 2-23 黑实线所示。

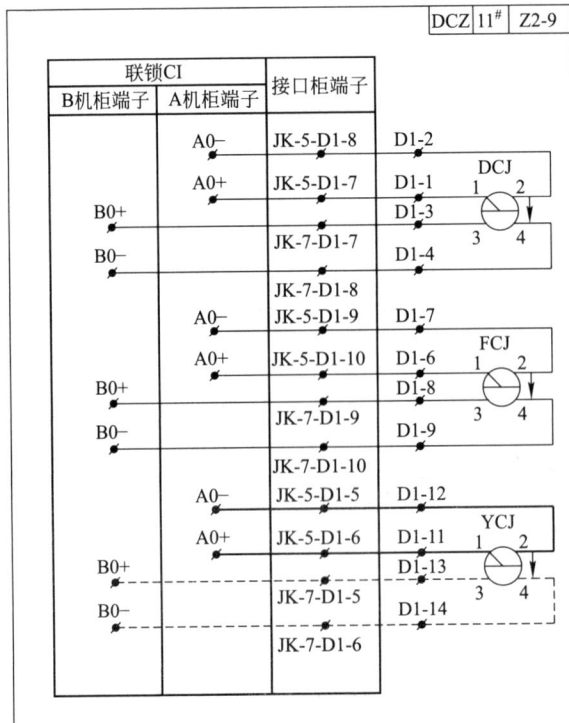

图 2-23　YCJ 吸起接通电路

CI-B（联锁 B 机）B0+—JK-7-D1-5—Z2-901-13—11#YCJ3-4—Z2-901-14—JK-7-D1-6—CI-B（联锁 B 机）B0-，如图 2-23 虚线所示。

● FCJ 吸起接通公式：

CI-A（联锁 A 机）A0+—JK-5-D1-10—Z2-901-6—11#FCJ1-2—Z2-901-7—JK-5-D1-9—CI-A（联锁 A 机）A0-，如图 2-24 黑实线所示。

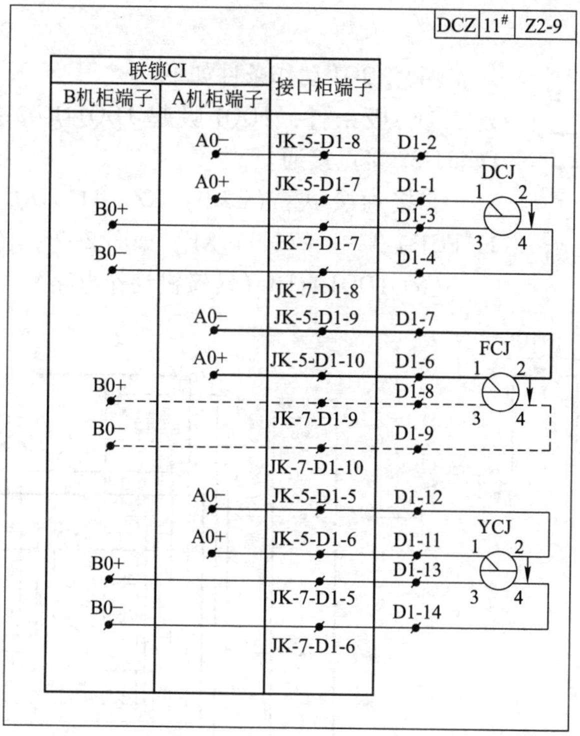

图 2-24　FCJ 吸起接通电路

CI-B（联锁 B 机）B0+—JK-7-D1-9—Z2-901-8—11#FCJ3-4—Z2-901-9—JK-7-D1-10—CI-B（联锁 B 机）B0-，如图 2-24 虚线所示。

落下条件。联锁机驱动时间为 15 s，到时后联锁机停止驱动电压输出，YCJ/FCJ 落下；扳动道岔时，联锁采集 FBJ 继电器吸起条件，当采集到 FBJ 继电器吸起，联锁停止驱动电压输出，YCJ/FCJ 落下。

1DQJ 动作条件如下。

① 吸起条件：FCJ 吸起 FCJ31-32 接点接通、YCJ 吸起 YCJ31-32 接点接通、11DGJ 吸起 11DGJ31-32 接点接通、2DQJ 吸起位 141-142 接点接通。

② 接通公式：（Z2-9）KZ—11#YCJ32-31—Z2-904-8—Z7-604-16—11DGJ31-32—Z7-604-15—Z2-904-7—1DQJ3-4—2DQJ141-142—11#FCJ31-32—（Z2-9）KF，如图 2 - 25 黑实线所示。

③ 落下条件：2DQJ 转极 2DQJ141-142 接点断开、YCJ 落下 YCJ31-32 接点断开、FCJ 落下 FCJ31-32 接点断开。

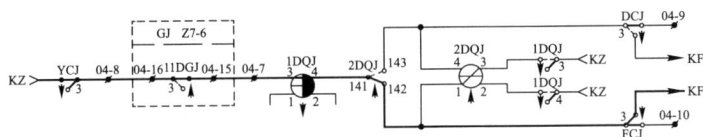

图 2-25　1DQJ 接通电路

④ 缓放时间为≥0.5 s。

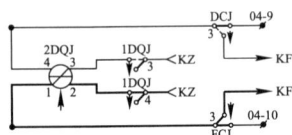

图 2-26　2DQJ 接通电路

（4）2DQJ 动作条件如下。

① 转极条件：1DQJ 吸起 1DQJ41-42 接点接通、FCJ 吸起 FCJ31-32 接点接通。

② 接通公式：（Z2-9）KZ—11#1DQJ41-42—11#2DQJ2-1—11#FCJ31-32—（Z2-9）KF，如图 2-26 黑实线所示。

（5）1DQJ 自闭（转辙机动作电路），如图 2-27 所示。

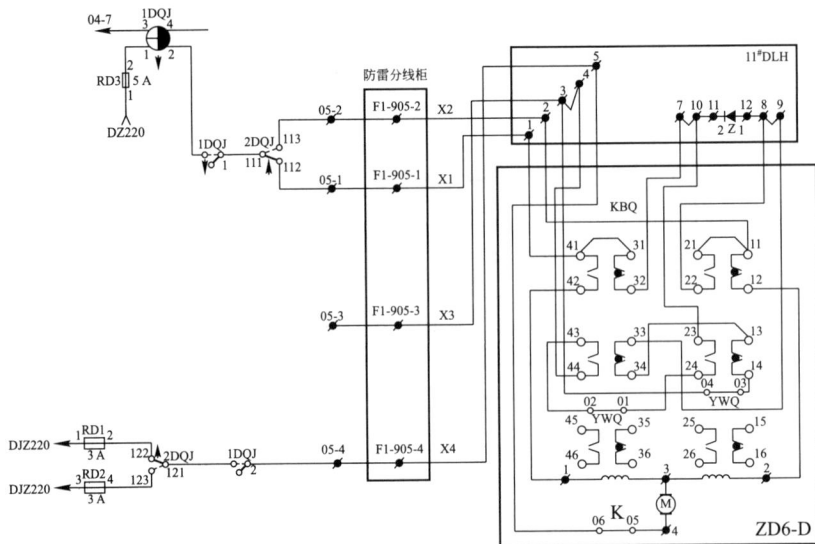

图 2-27　转辙机动作电路

① 1DQJ 自闭条件：1DQJ 吸起 1DQJ11-12 接点接通、1DQJ21-22 接点接通；2DQJ 已转极 2DQJ111-113 接点接通、2DQJ121-123 接点接通；转辙机电动机转动。

② 1DQJ 自闭接通公式（转辙机动作电路接通公式）：

（Z2-9）DZ220—RD3 1-2（5A）—11#1DQJ1-2—11#1DQJ12-11—11#2DQJ111-113—Z2-905-2—F1-906-2（X2）—11#DLH-2—（11#ZZJ）KBQ11-12—（11#ZZJ）M2-3-4—（11#ZZJ）K05-06—11#DLH-5—F1-906-4（X4）—Z2-905-4—11#1DQJ21-22—11#2DQJ121-123—RD24-3（3A）—（Z2-9）DF220，如图 2-28 黑实线所示。

③ 1DQJ 落下条件（电动机停转）：转辙机转换到位 KBQ 动接点变换位置，KBQ11-12 启动接点断开。

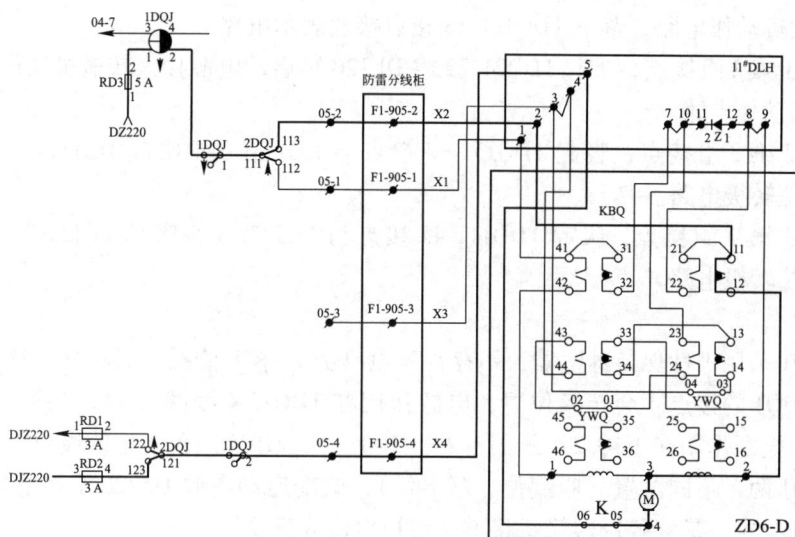

图 2-28　1DQJ 自闭电路

3. 启动径路

X1：反位—定位启动用线。

X2：定位—反位启动用线。

X4：定位、反位启动用线。

4. 相关器材、继电器及接点在启动电路中的作用

1) DGJ

（1）DGJ 是本组道岔所在的轨道区段继电器，表示本道岔轨道区段的状态；DGJ 吸起表示本道岔轨道区段的状态为空闲，DGJ 落下表示本道岔轨道电路区段的状态为占用或故障。

（2）DGJ 第 3 组接点吸起接通 1DQJ 励磁电路；DGJ 第 3 组接点落下时证明本道岔轨道电路区段的状态为占用或故障，DGJ 落下接点将联锁输入操作道岔指令（进路、单操）断开，切断 1DQJ 的励磁电路。

2) YCJ/FCJ（YCJ/DCJ）

（1）将联锁机输出的驱动命令传递到道岔启动电路中，使道岔启动电路执行联锁命令。

（2）YCJ 第 3 组吸起 YCJ31-32 接点和 FCJ 第 3 组吸起 FCJ31-32 接点接通 1DQJ 励磁电路和 2DQJ 转极（落下）电路，最终控制道岔向反位转换。

（3）YCJ 第 3 组吸起 YCJ31-32 接点和 DCJ 第 3 组吸起 DCJ31-32 接点接通 1DQJ 励磁电路和 2DQJ 转极（吸起）电路，最终控制道岔向定位转换。

3) 1DQJ

（1）1DQJ3-4 线圈励磁电路：检查动作道岔基本条件是否满足（本道岔区段空闲）。

（2）1DQJ1-2 线圈自闭电路：保持 1DQJ 吸起，完成道岔转换；不间断监督、检查转辙机启动回路及电动机工作状态。

（3）当 2DQJ 转极时，1DQJ 线圈短时失电，利用 1DQJ 的缓放功能，确保启动电路完整。

（4）1DQJ 第 1 组接点，吸起 1DQJ11-12 将 DZ220 V 启动电源接入转辙机动作电路中，落下断开转辙机动作电路，落下 1DQJ11-13 接点接通表示电路。

（5）1DQJ 第 2 组接点，吸起 1DQ21-22 将 DF220 V 启动电源接入转辙机动作电路中，落下断开转辙机动作电路。

（6）1DQJ 第 3 组接点，吸起 1DQJ31-32 接点与 DCJ 第 3 组吸起 DCJ31-32 接点，接通 2DQJ 向吸起位转极电路。

（7）1DQJ 第 4 组接点，吸起 1DQJ41-42 接点与 FCJ 第 3 组吸起 FCJ31-32 接点，接通 2DQJ 向落下位转极电路。

4）2DQJ

（1）2DQJ 采用极性保持继电器，不存在失电（磁）落下情况，只有在线圈出现反向电压情况下，2DQJ 的接点才会转换位置，电源作用在 1DQJ3-4 线圈（3+、4-）时，2DQJ 向吸起位转极，电源作用在 1DQJ2-1 线圈（2+、1-）时，2DQJ 向落下位转极。

（2）2DQJ 两个不同位置（吸起位、落下位），改变启动电源 DZ220 V 接通电动机 M 定子线圈 1 或 2 位置，最终控制转辙机将道岔转换定位或反位。

（3）2DQJ 第 1 组接点（111/112/113）。

① 2DQJ111-112 吸起位将 DZ220 V 启动电源接入电动机 M 定子线圈 1 上，如图 2-29 黑实线所示。

② 2DQJ111-113 落下位将 DZ220 V 启动电源接入电动机 M 定子线圈 2 上，如图 2-29 虚线所示。

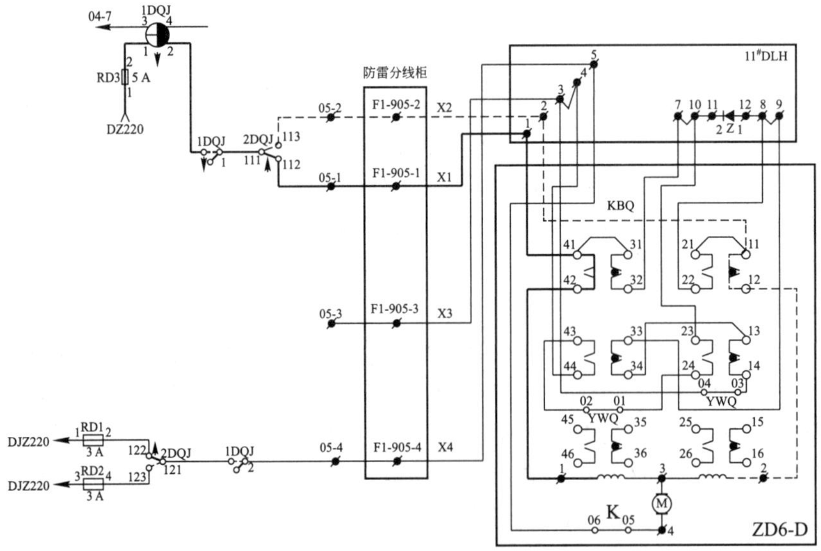

图 2-29　2DQJ 启动电路

（4）2DQJ 第 2 组接点（121/122/123）。

① 2DQJ121-122 将经过 RD1 的 DF220 V 启动电源接入道岔转辙机启动电路。

② 2DQJ121-123 将经过 RD2 的 DF220 V 启动电源接入道岔转辙机启动电路。

（5）2DQJ 第 4 组接点（141/142/143）接通 1DQJ 励磁电路，2DQJ 转极后，切断 1DQJ 励磁电路。

5）RD

（1）RD1：定位DF220 V启动电源熔断器，容量为3 A。

（2）RD2：反位DF220 V启动电源熔断器，容量为3 A。

（3）RD3：定位/反位DZ220 V启动电源熔断器，容量为5 A。

（4）作用：防止大电流或线缆短路，造成设备损坏，还能防止电流冲击上级熔断器熔断，造成故障扩大化或故障升级。

6）M

接通电源后旋转，电动机根据两个定子线圈的绕组方向不同，实现电动机的顺时针和逆时针两种不同旋转方向，是改变道岔位置的动力源。

7）K

K05-06的接点闭合和断开，是转辙机启动电路的接通点和断开点。

8）KBQ

KBQ11-12接点、KBQ41-42接点正确地接通与断开转辙机启动电路，并能再次确认转辙机位置和操纵方向一致。

（三）单机单动道岔ZD6直流道岔转换表示电路

在四线制道岔控制电路中，当转辙机将道岔转至规定位置后，应该给出相应的位置表示，将道岔的位置通过灯光颜色反映给车站值班员。用转辙机的自动开闭器及移位接触器来接通道岔的表示电路，使电路中的道岔定位表示继电器DBJ或道岔反位表示继电器FBJ励磁吸起。

道岔表示电路中DBJ和FBJ均采用JPXC-1000型偏极继电器。道岔表示电路所用电源由变压器BB供给，该变压器是变压比为2∶1的BD-7型道岔表示变压器。其初级输入电压为交流220 V，次级输出电压为110 V。DBJ和FBJ线圈并联有4uf/500 V的电容器C，电路中还串接有二极管Z。

1. 表示电路图

表示电路组成：由DJZ220 V/DJF220 V、RD4、BB、DBJ/FBJ、R、C、ZZJ（KBQ、YWQ）、DLH（Z）、继电器接点、连接线缆及电缆组成，如图2-30所示。

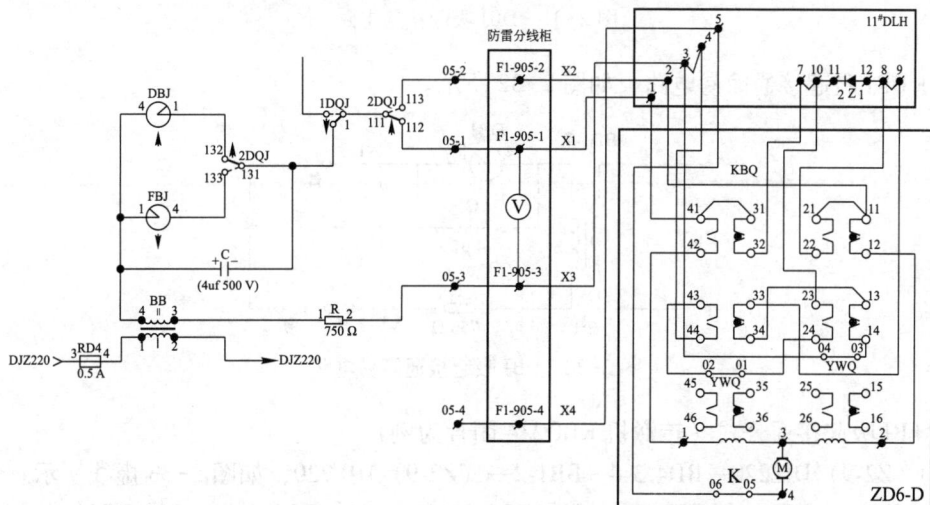

图2-30 单机单动道岔ZD6直流道岔转换表示电路

2. 表示继电器吸起条件

以转辙机 KBQ 1/3 闭合定位 11# 道岔为例。

1）吸起条件

DJZ220 V/DJF220 V 表示电源正常、1DQJ 处于落下位置（1DQJ11-13 接通）、2DQJ 位置正确（吸起位接通定位表示、落下位接通反位表示）、转辙机 KBQ 接通位置正确（KBQ 1/3 闭合接通定位表示、KBQ 2/4 闭合接通反位表示）。

2）DBJ 吸起接通公式（转辙机 KBQ1/3 闭合为例）

（1）（Z2-9）DJZ220—RD4 3-4—BB1-2—（Z2-9）DJF220，如图 2-31 虚线所示。

（2）（Z2-9）BB-4—11#DBJ4-1—11#2DQJ132-131—11#1DQJ13-11—11#2DQJ111-112—Z2-905-1—F1-906-1（X1）—11#DLH-1—（11#ZZJ）KBQ41—（11#ZZJ）KBQ31-32—11#DLH-7-10-11—Z2-1—11#DLH-12-8-9—（11#ZZJ）KBQ33-34—（11#ZZJ）KBQ13-14—（11#ZZJ）YWQ03-04—11#DLH-3—F1-906-3（X3）—Z2-905-3—R2-1—（Z2-9）BB-3，如图 2-31 黑实线所示。

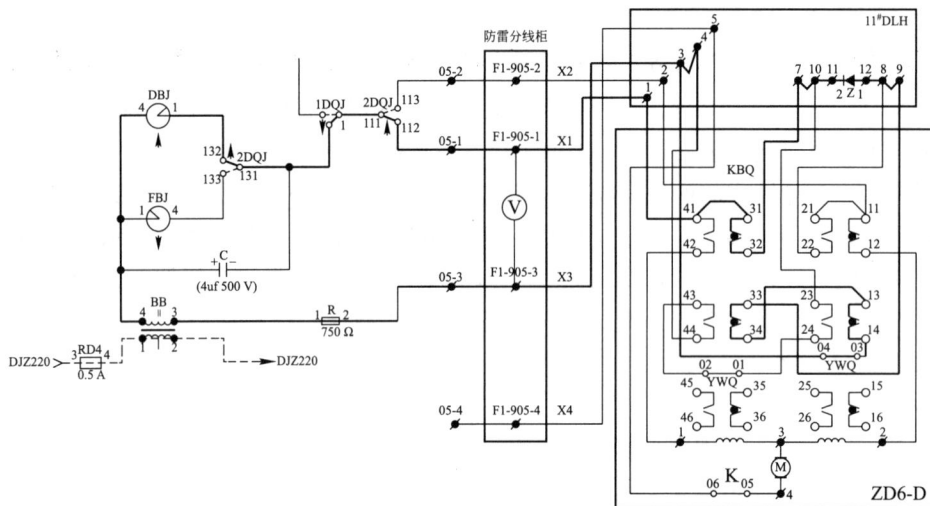

图 2-31　DBJ 吸起接通电路

（3）DBJ 吸起接通简易电路，如图 2-32 所示。

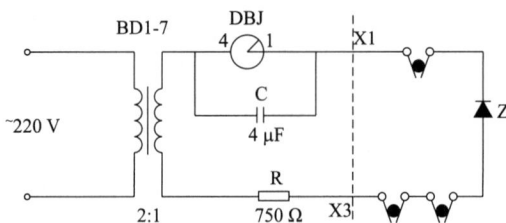

图 2-32　DBJ 吸起接通简易电路

3）FBJ 吸起接通公式（转辙机 KBQ2/4 闭合为例）

（1）（Z2-9）DJZ220—RD4 3-4—BB1-2—（Z2-9）DJF220，如图 2-33 虚线所示。

（2）（Z2-9）BB-4—11#FBJ1-4—11#2DQJ133-131—11#1DQJ13-11—11#2DQJ111-113—Z2-

905-2—F1-906-2（X2）—11#DLH-2—（11#ZZJ）KBQ11—（11#ZZJ）KBQ21-22—11#DLH-8-12—Z1-2—11#DLH-11-10—（11#ZZJ）KBQ23-24—（11#ZZJ）YWQ01-02—（11#ZZJ）KBQ43-44—11#DLH-4-3—F1-906-3（X3）—Z2-905-3—R2-1—（Z2-9）BB-3，如图2-33黑实线所示。

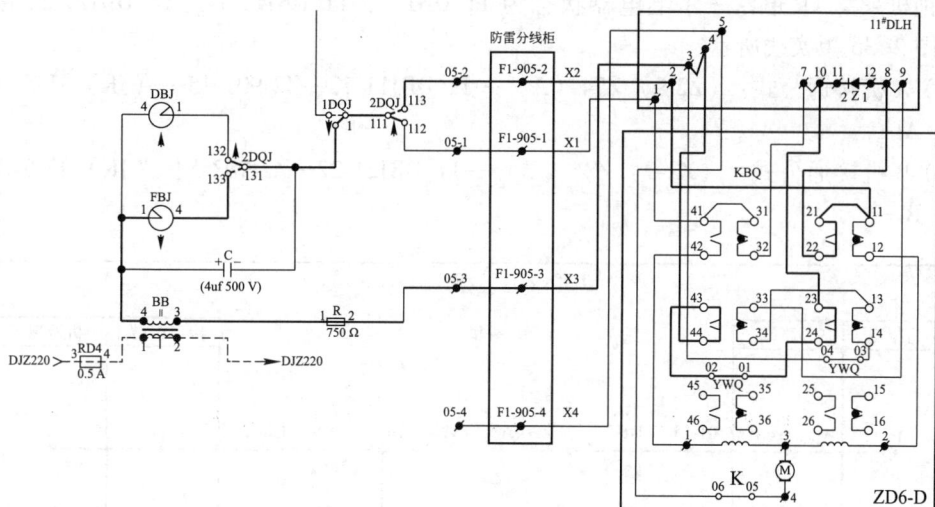

图2-33 FBJ吸起接通电路

4）落下条件

DJZ220 V/DJF220 V表示电源异常、1DQJ未处于落下位置（1DQJ11-13未接通）、2DQJ位置不正确（吸起位接通定位表示、落下位接通反位表示）、转辙机KBQ接通位置不正确（KBQ 1/3闭合接通定位表示、KBQ2/4闭合接通反位表示）。

3. 联锁道岔表示采集电路

联锁采集DBJ/FBJ继电器的吸起条件，通过操作界面（显示器）告诉值班人员道岔所处的实际位置，即定位、反位、"四开"（无表示），如图2-34所示。

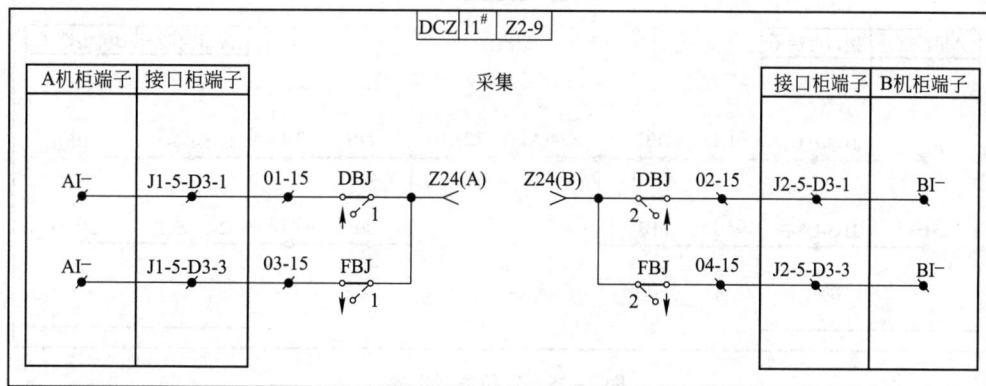

图2-34 联锁道岔表示采集电路

定位：联锁机采集 11# 道岔表示继电器状态为 DBJ↑、FBJ↓。

反位：联锁机采集 11# 道岔表示继电器状态为 FBJ↑、DBJ↓。

"四开"：联锁机采集 11# 道岔表示继电器状态为 DBJ↓ 和 FBJ↓。

1）定位显示

联锁机采集 11# 道岔表示继电器状态为 11#DBJ↑，11#DBJ11-12、11#DBJ21-22 接点接通，如图 2-35 黑实线所示。

（1）A 机接通公式：（Z2-9）Z24（A）—11#DBJ11-12—Z2-901-15—（JK）J1-5-D3-1—（CI-A）AI-。

（2）B 机接通公式：（Z2-9）Z24（B）—11#DBJ21-22—Z2-902-5—（JK）J2-5-D3-1—（CI-B）BI-。

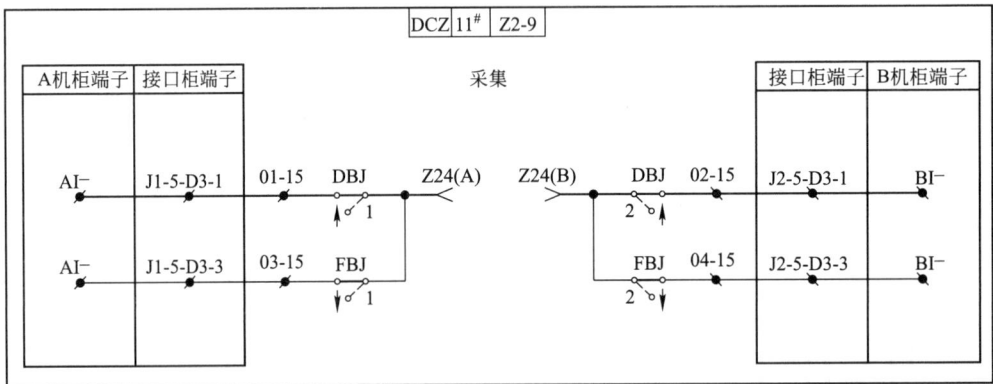

图 2-35　定位显示电路

2）反位显示

联锁机采集 11# 道岔表示继电器状态为 11#FBJ↑，11#FBJ11-12、11#FBJ21-22 接点接通，如图 2-36 黑实线所示。

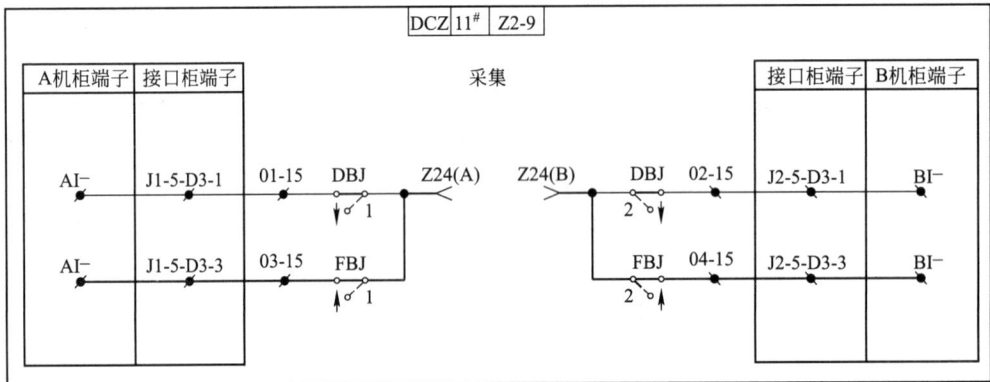

图 2-36　反位显示电路

（1）A 机接通公式：（Z2-9）Z24（A）—11#FBJ11-12—Z2-903-15—（JK）J1-5-D3-3—（CI-A）AI-。

（2）B机接通公式：（Z2-9）Z24（B）—11#FBJ21-22—Z2-904-15—（JK）J2-5-D3-3—（CI-B）BI-。

3）"四开"：联锁机采集11#道岔表示继电器状态为11#DBJ↓和11#FBJ↓，11#DBJ11-12、11#DBJ21-22、11#FBJ11-12、11#FBJ21-22接点断开。

4．道岔控制电路径路及作用

1）表示电路径路

X1：定位表示用线。

X2：反位表示用线。

X3：定位、反位表示专用线。

2）启动电路径路

X1：反位—定位启动用线。

X2：定位—反位启动用线。

X4：定位、反位启动用线。

3）综合表示电路径路和启动电路径路

X1：向定位启动、定位表示专用线。

X2：向反位启动、反位表示专用线。

X3：表示专用线。

X4：启动专用线。

5．相关器材、继电器及接点在表示电路中的作用

1）DBJ/FBJ

实时监督检查道岔状态、密贴状态，反映道岔实际位置：DBJ↑、FBJ↓表示道岔在定位，FBJ↑、DBJ↓表示道岔在反位，DBJ↓、FBJ↓表示道岔在"四开"（无表示）3种状态，并将道岔状态信息传递给联锁。

2）BB

DJZ220 V/DJF220 V通过BB将交流电源DJZ220 V/DJF220 V变为独立交流110 V表示电源。专用BB还可以起到隔离作用，当有其他电源窜入道岔表示电路中时，不会影响道岔表示电路正常工作或错误动作。

3）RD4

RD4是DJZ220 V/DJF220 V表示电源熔断器，容量为0.5 A，其作用如下。

（1）保护器材，当表示电路出现短路时熔断，防止烧毁表示变压器。

（2）防止短路故障熔断上级保险，使故障范围扩大，影响升级。

4）R

（1）表示回路中起到负载作用。

（2）当短路时保护器材及变压器。

5）C

滤波作用，保证道岔表示继电器可靠吸起不抖动。

因表示电路中使用的是一个二极管（半波整流），为了防止道岔表示继电器在此电压工作时抖动，因此在表示继电器两端并联4 μF电容C，对Z整流出的电压滤波，滤波后电压

平滑，确保表示继电器稳定吸起。

6）Z

半波整流，将 BB 输出交流电压整成直流电压，给 DBJ/FBJ 提供动作电源。

7）YWQ

一台转辙机设置两个 YWQ，分别串接在定位表示电路和反位表示电路中，分别是 YWQ01-02 和 YWQ03-04。其作用是监督主挤切销良好，当主挤切销磨损严重或折断时，动作杆移动，断开 YWQ 的内部接点，可靠切断道岔表示电路。

8）KBQ

（1）检查道岔转换是否到位、密贴是否良好、转辙机是否锁闭；切断启动电路，接通表示电路的关键部件。

（2）定位表示电路检查 KBQ31-32、KBQ33-34、KBQ13-14 接点。

（3）反位表示电路检查 KBQ21-22、KBQ23-24、KBQ43-44 接点。

（4）KBQ 全部接点用途，见表 2-2。

表 2-2　KBQ 接点用途表

定位—反位启动接点	反位—定位启动接点	定位表示	反位表示
KBQ11-12	KBQ41-42	KBQ31-32	KBQ21-22
		KBQ33-34	KBQ23-24
		KBQ13-14	KBQ43-44

9）1DQJ 接点

（1）1DQJ 第 1 组接点，落下 1DQJ11-13 接通道岔 DBJ 或 FBJ 表示电路，吸起 1DQJ11-12 断开道岔 DBJ 或 FBJ 表示电路（1DQJ11-12 接通启动电路）。

（2）1DQJ 第 1 组接点，将启动电源和表示电源完全隔离。

10）2DQJ 接点

（1）2DQJ 第 111-112 接点接通室外转辙机定位表示电路。

（2）2DQJ 第 111-113 接点接通室外转辙机反位表示电路。

（3）2DQJ 第 131-132 接点接通道岔定位表示继电器电路。

（4）2DQJ 第 131-132 接点接通道岔反位表示继电器电路。

二、单机双动道岔 ZD6 直流道岔转换控制电路

双动道岔的两个道岔位置必须是一致的，当其中一个道岔在定位时，另一个道岔也应在定位，当其中一个道岔转换至反位时，另一个道岔也必须转换至反位。当道岔启动电路控制电动转辙机转换两个道岔时，两个道岔必须是按规定的顺序动作。先动作的道岔称为第一动道岔，后动作的道岔称为第二动道岔，规定双动道岔中距离信号楼近的为第一动道岔，距离信号楼远的为第二动道岔。这是为了节省室外电缆芯线，避免迂回走线。

由于双动道岔的两个道岔位置总是一致的，动作也应一致，因此，双动道岔可共用一套道岔控制电路。双动道岔控制电路与单动道岔控制电路原理基本相同。因为双动道岔

控制电路的控制对象是两个道岔，其启动电路和表示电路与单动道岔不同之处有以下两方面。

（1）在启动电路室外部分时，由于两个道岔顺序动作，当第一动道岔转换完毕后，才能接通第二动道岔电动机电路。

（2）双动道岔表示电路是由两个道岔自动开闭器的表示接点串联起来组成的，二极管Z设于第二动道岔处。当启动电路控制第一动道岔和第二动道岔转换完毕后，接通道岔表示电路。检查两个道岔都在定位或反位后，使双动道岔的DBJ或FBJ吸起。

（一）单机双动道岔ZD6直流道岔转换控制电路图及相关设备

单机双动道岔ZD6直流道岔转换控制电路由动作电动转辙机的启动电路和反映道岔实际位置的表示电路组成。

1．道岔控制电路图

单机双动道岔ZD6直流道岔转换控制电路如图2-37所示。

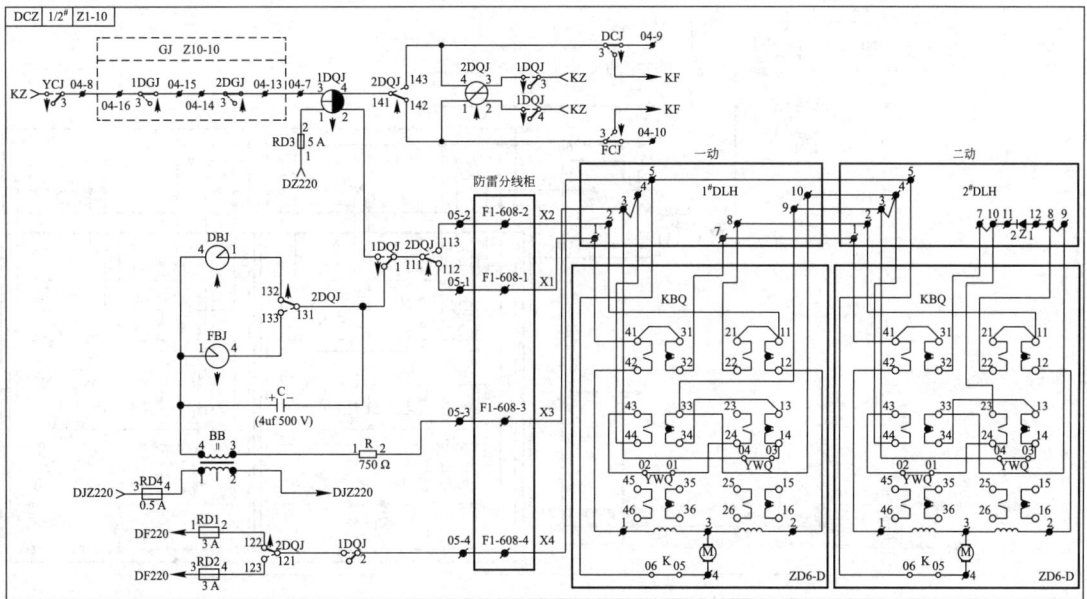

图2-37　单机双动道岔ZD6直流道岔转换控制电路

1）图中左上角方框内容及含义

（1）DCZ：组合名称——直流转辙机道岔组合。

（2）1/2#：本组合对应道岔号——1/2号双动道岔。

（3）Z1-10：本组合的具体位置——第1个继电器组合架，第10层。

2）图纸虚线框及虚框内部内容含义

（1）虚线框：虚线框内设备或接点不属于本道岔组合自身的设备或接点。

（2）GJ：虚线框组合名称——轨道电路组合。

（3）Z10-10：虚线框组合的具体位置——第10个继电器组合架，第10层。

2. 其他

器材对照表、道岔继电器组合、道岔控制电路所需电源、防雷分线柜、DLH、线缆等，参照"单机单动道岔 ZD6 直流道岔转换控制电路图及相关设备"。

（二）单机双动道岔 ZD6 直流道岔转换启动电路

道岔启动电路采用分级控制方式控制道岔转换，由第一启动继电器 1DQJ 检查联锁条件，符合要求后才能励磁吸起，然后由第二启动继电器 2DQJ 控制电动机的旋转方向，以决定使电动机转向定位、转向反位，最后由直流电动机转换道岔。

1. 启动电路图

启动电路由 DZ220 V/DF220 V、RD1、RD2、RD3、1DQJ、2DQJ、YCJ、FCJ、DCJ、1#ZZJ（M、KBQ、K）、1#DLH、2#ZZJ（M、KBQ、K）、2#DLH、继电器接点、连接线缆及电缆组成，如图 2-38 所示。

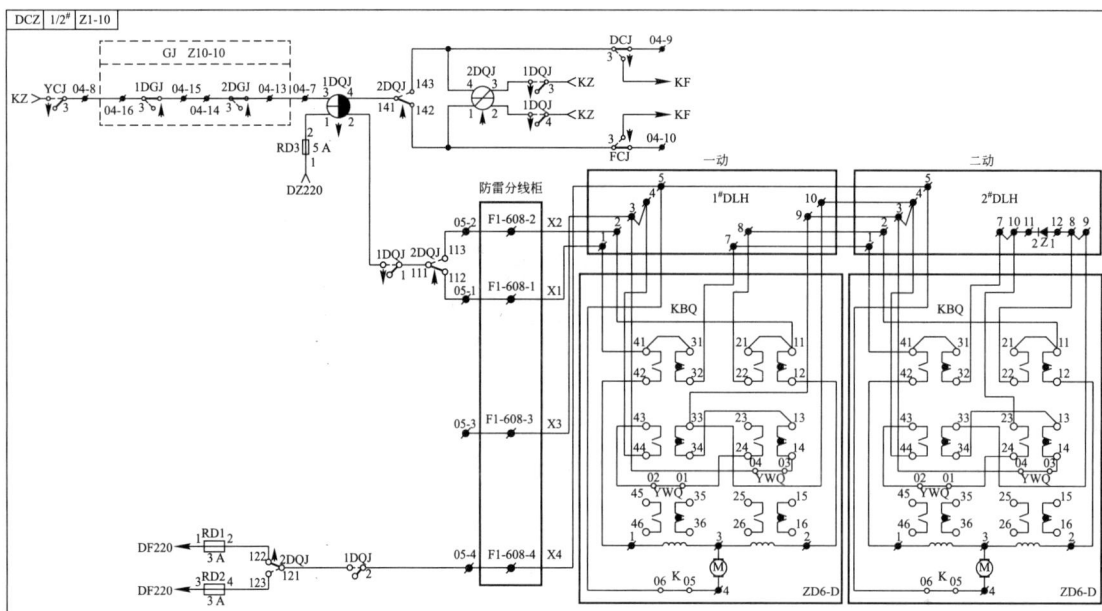

图 2-38 单机双动道岔 ZD6 直流道岔转换启动电路

2. 启动电路动作顺序

启动电路动作顺序（以转辙机 1/3 闭合，定位—反位启动为例），如图 2-39 所示。

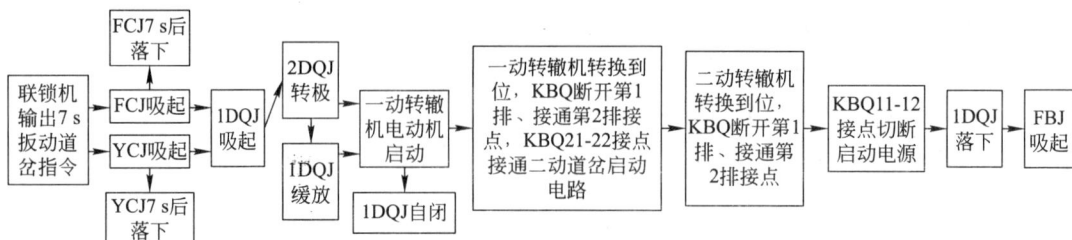

图 2-39 启动电路动作顺序

（1）继电器控制电路，初始状态为定位，如图2-40所示。

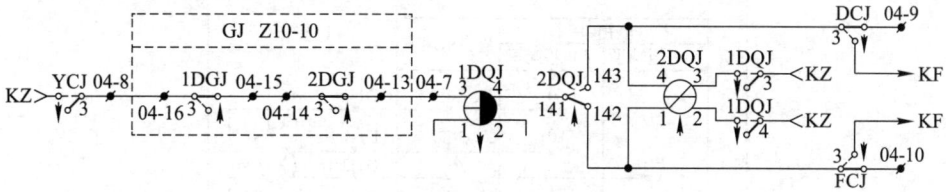

图2-40　继电器控制电路初始状态

（2）继电器动作顺序，如图2-41所示。

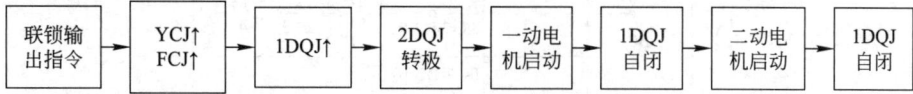

图2-41　继电器动作顺序

（3）继电器动作条件。

① 道岔启动电路输入指令：联锁输入单操指令（也可进路指令）；驱动YCJ/FCJ吸起（向定位转换驱动YCJ/DCJ吸起）。

② YCJ/ FCJ。吸起条件：值班员操纵道岔—微机联锁检查条件满足后输出驱动电压。

接通公式如下。

- YCJ接通公式：

（CI-A） A0+—JK-5-D2-5—Z1-1001-11—1/2# YCJ1-2—Z1-1001-12—JK-5-D2-6—（CI-A）A0-，如图2-42黑实线所示。

（CI-B） B0+—JK-7-D2-5—Z1-1001-13—1/2# YCJ3-4—Z1-1001-14—JK-7-D2-6—（CI-B）B0-，如图2-42虚线所示。

- FCJ接通公式：

（CI-A） A0+—JK-5-D2-9—Z1-1001-6—1/2# FCJ1-2—Z1-1001-7—JK-5-D2-10—（CI-A）A0-，如图2-43黑实线所示。

（CI-B） B0+—JK-7-D2-9—Z1-1001-8—1/2# FCJ3-4—Z1-1001-9—JK-7-D2-10—（CI-B）B0-，如图2-43虚线所示。

落下条件如下。

联锁机驱动时间为15 s，到时后联锁机停止驱动电压输出，YCJ/FCJ落下。

当扳动道岔时，联锁采集FBJ继电器吸起条件，当采集到FBJ继电器吸起，联锁停止驱动电压输出，YCJ/FCJ落下。

③ 1DQJ。吸起条件为FCJ吸起FCJ31-32接点接通、YCJ吸起YCJ31-32接点接通、1DGJ吸起1DGJ31-32接点接通、2DGJ吸起2DGJ31-32接点接通、2DQJ吸起位141-142接点接通。

接通公式为（Z1-10）KZ—1/2# YCJ32-31—Z1-1004-8—Z10-1004-16—1DGJ31-32—Z10-1004-15—Z10-1004-14—2DGJ31-32—Z10-1004-13—Z1-1004-7—1/2# 1DQJ3-4—1/2# 2DQJ141-142—1/2# FCJ31-32—（Z1-10）KF，如图2-44黑实线所示。

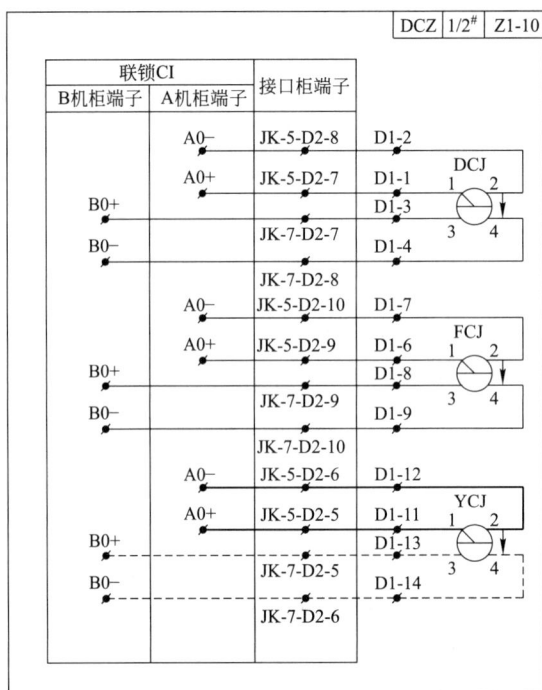

图 2-42 YCJ 接通电路

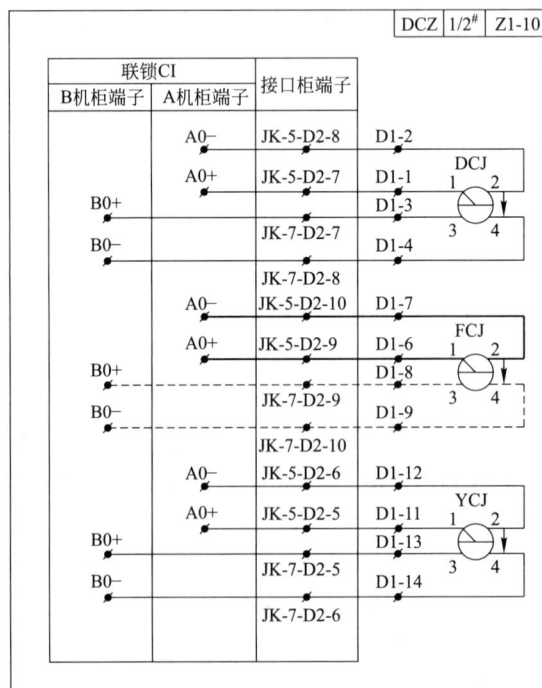

图 2-43 FCJ 接通电路

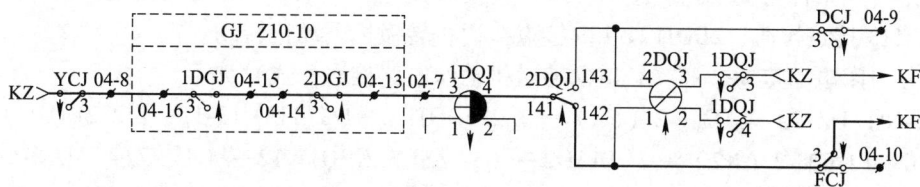

图 2-44　1DQJ 接通电路

落下条件为 2DQJ 转极 2DQJ141-142 接点断开、YCJ 落下 YCJ31-32 接点断开、FCJ 落下 FCJ31-32 接点断开。

缓放时间为≥0.5 s。

④ 2DQJ。转极条件为 1DQJ 吸起 1DQJ41-42 接点接通、FCJ 吸起 FCJ31-32 接点接通。

接通公式为（Z1-10）KZ —1/2# 1DQJ41-42—1/2# 2DQJ2-1—1/2# FCJ31-32—（Z1-10）KF，如图 2-45 黑实线所示。

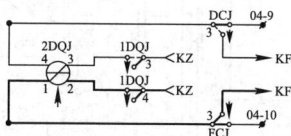

图 2-45　2DQJ 接通电路

⑤ 1DQJ 自闭（转辙机动作电路），如图 2-46 所示。

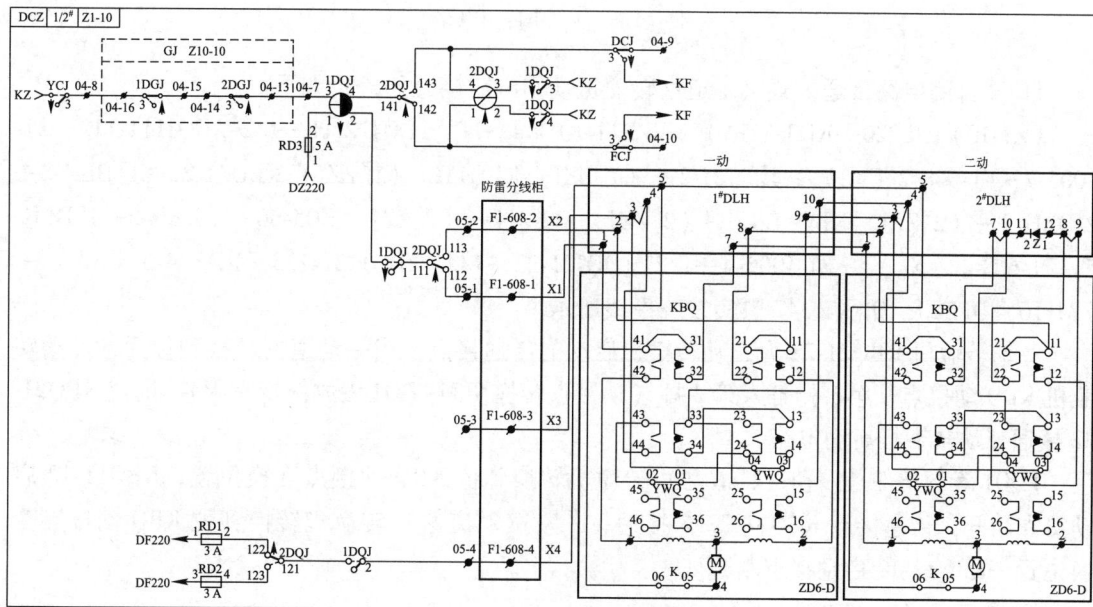

图 2-46　转辙机动作电路

1DQJ 自闭条件为 1DQJ 吸起 1DQJ11-12 接点接通、1DQJ21-22 接点接通；2DQJ 已转极 2DQJ111-113 接点接通、2DQJ121-123 接点接通；转辙机电动机转动。

1DQJ 自闭电路接通公式（1#道岔转辙机动作电路接通公式）如下。

（Z1-10）DZ220—RD3 1-2（5A）—1/2#1DQJ1-2—1/2#1DQJ12-11—1/2#2DQJ111-113—Z1-1005-2—F1-608-2（X2）—1# DLH-2—（1# ZZJ）KBQ11-12—（1# ZZJ）M2-3-4—（1# ZZJ）K05-06—1# DLH-5—F1-608-4（X4）—Z1-1005-4—1/2#1DQJ21-22—1/2#2DQJ121-123—RD2 4-3（3A）—（Z1-10）DF220，如图 2-47 黑实线所示。

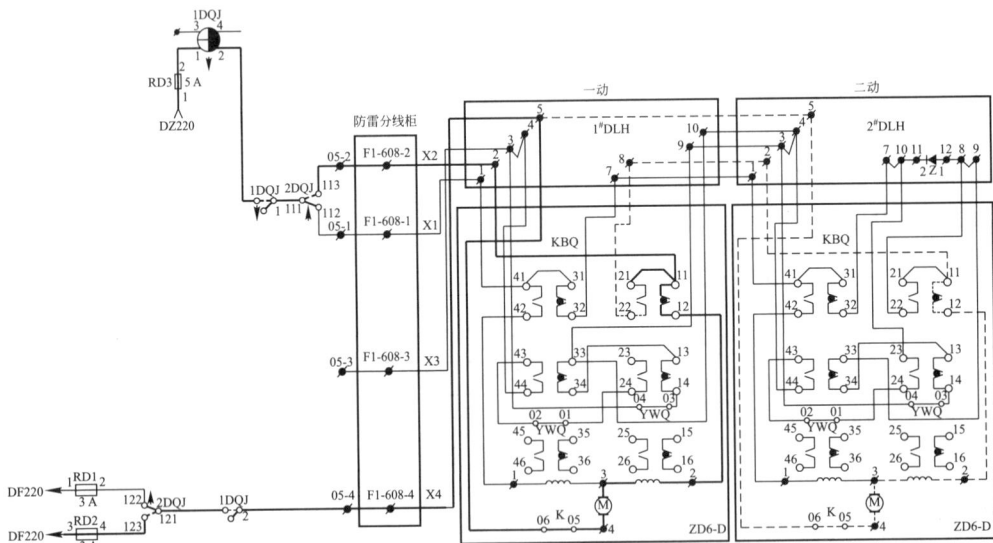

图 2-47　1DQJ 自闭电路

1DQJ 自闭电路接通公式（2#道岔转辙机动作电路接通公式）如下。

（Z1-10）DZ220—RD3（5A）—1/2#1DQJ1-2—1/2#1DQJ12-11—1/2#2DQJ111-113—Z1-1005-2—F1-608-2（X2）—1#DLH-2—（1#ZZJ）KBQ11—（1#ZZJ）KBQ21-22—1#DLH-8—2#DLH-2—（2#ZZJ）KBQ11-12—（2#ZZJ）M2-3-4—（2#ZZJ）K05-06—2#DLH-5—1#DLH-5—F1-608-4（X4）—Z1-1005-4—1/2#1DQJ21-22—1/2#2DQJ121-123—RD2 4-3（3A）—（Z1-10）DF220，如图 2-47 黑实线、虚线所示。

一动转辙机 KBQ21-22 为二动转辙机启动的传递接点。当一动道岔转换到位后，一动转辙机 KBQ 动接点从第 1 排打入第 2 排（动接点转换期间 1DQJ 缓放保持吸起）。通过 KBQ21-22 接通二动转辙机启动电路。

1DQJ 落下条件是一动（1#道岔）转辙机转换到位 KBQ 动接点变换位置，KBQ11-12 启动接点断开，传递接点 KBQ21-22 未接通；二动（2#道岔）转辙机转换到位 KBQ 动接点变换位置，KBQ11-12 启动接点断开。

3. 启动径路

X1：反位—定位启动用线；

X2：定位—反位启动用线；

X4：定位、反位启动用线。

4. 相关器材、继电器及接点在启动电路中的作用

YCJ/FCJ、1DQJ、2DQJ、RD、M、K作用请参照"单机单动道岔ZD6直流道岔转换启动电路"；DGJ和KBQ作用有所差异。

1）DGJ

（1）DGJ是本组道岔所在的轨道区段继电器，表示本道岔轨道区段的状态；DGJ吸起表示本道岔轨道区段的状态为空闲，DGJ落下表示本道岔轨道电路区段的状态为占用或故障。

（2）1DQJ励磁电路均要检查每一组道岔所处于的轨道区段。

（3）1DGJ第3组吸起接点、2DGJ第3组吸起接点接通1DQJ励磁电路；当1DGJ、2DGJ任一个继电器落下（第3组接点断开）时证明其道岔轨道电路区段的状态为占用或故障，1DGJ、2DGJ落下接点切断1DQJ的励磁电路。

2）KBQ

（1）双动道岔一动KBQ11-12、KBQ41-42，二动转辙机KBQ11-12、KBQ41-42接点正确地接通与断开转辙机启动电路：能再次确认转辙机位置和操纵方向一致。

（2）一动转辙机使用KBQ21-22、KBQ31-32接点向二动转辙机传递启动电源。

5. 特点

（1）节省器材，双动道岔与单动道岔一样使用一个组合，能节省一半器材，并且节省安装空间。

（2）两台转辙机传递转换，动作时间长。

（三）单机双动道岔ZD6直流道岔转换表示电路

道岔表示电路的功能是表示道岔的实际位置，正确反映道岔位置是行车安全的需要。如果道岔表示电路给出了与道岔实际位置相反的表示，会导致列车进入异线，此时若异线有列车，就会发生撞车。如果道岔尖轨和基本轨间或心轨与翼轨间没有达到规定的密贴要求，道岔电路就给出了表示，当列车通过道岔时就有可能产生危及行车安全的后果。因而道岔表示电路也必须满足"故障-安全"原则。熟知道岔表示电路工作原理也尤为重要。

1. 表示电路图

表示电路由DJZ220 V/DJF220 V、RD4、BB、DBJ/FBJ、R、C、1#ZZJ（KBQ、YWQ）、1#DLH、2#ZZJ（KBQ、YWQ）、2#DLH（Z）、继电器接点、连接线缆及电缆组成，如图2-48所示。

2. 表示继电器吸起条件（以转辙机KBQ 1/3闭合定位为例）

1）吸起条件

DJZ220 V/DJF220 V表示电源正常、1DQJ处于落下位置（1DQJ11-13接通）、2DQJ位置正确（吸起位接通定位表示、落下位接通反位表示）、1#/2#（一动、二动）两台转辙机的KBQ接通位置均正确（KBQ 1/3闭合接通定位表示、KBQ2/4闭合接通反位表示）。

2）DBJ吸起接通公式（转辙机KBQ1/3闭合为例）

（1）（Z1-10）DJZ220—RD4 3-4—BB1-2—（Z1-10）DJF220，如图2-49虚线所示。

（2）（Z1-10）BB-4—1/2# DBJ4-1—1/2# 2DQJ132-131—1/2# 1DQJ13-11—1/2# 2DQJ111-112—Z1-1005-1—F1-608-1（X1）—1#DLH-1—（1#ZZJ）KBQ41—（1#ZZJ）KBQ31-32—1#

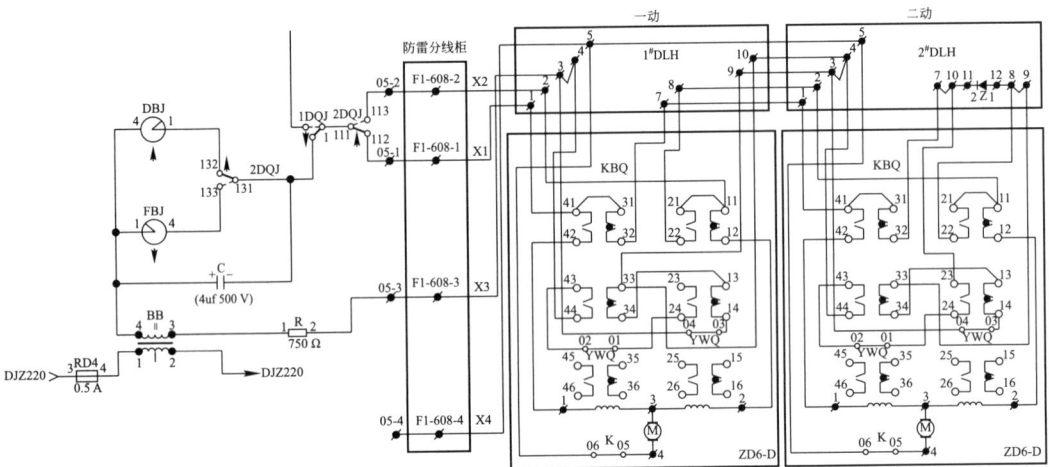

图 2-48　单机双动道岔 ZD6 直流道岔转换表示电路

DLH-7—2#DLH-1—（2#ZZJ）KBQ41—（2#ZZJ）KBQ31-32—7-10-11—（2#DLH）Z2-1—2#DLH-12-8-9—（2#ZZJ）KBQ33-34—（2#ZZJ）KBQ13-14—（2#ZZJ）YWQ03-04—2#DLH-3—1#DLH-9—（1#ZZJ）KBQ33-34—（1#ZZJ）KBQ13-14—（1#ZZJ）YWQ03-04—1#DLH-3—F1-608-3（X3）—Z1-1005-3—R2-1—（Z1-10）BB-3（二次侧），如图 2-49 黑实线所示。

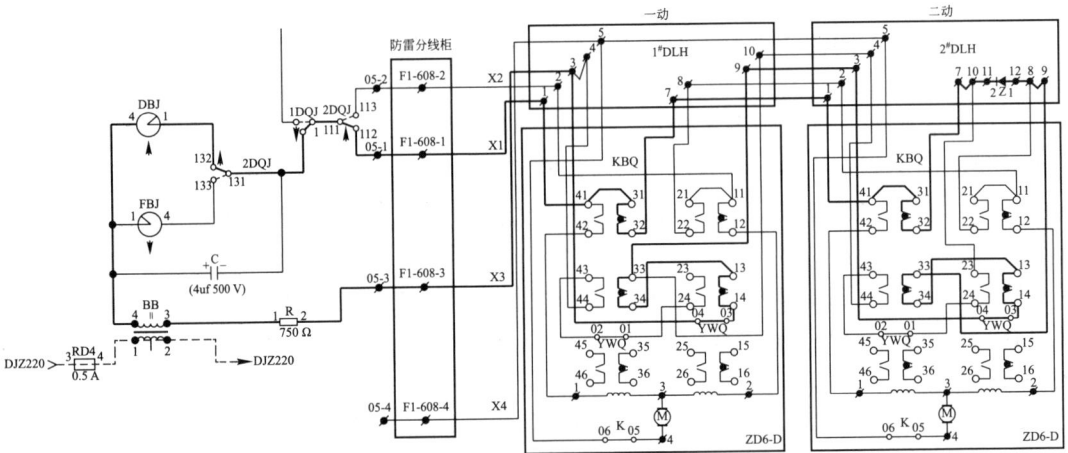

图 2-49　DBJ 吸起接通电路

（3）落下条件：DJZ220 V/DJF220 V 表示电源异常、1DQJ 未处于落下位置（1DQJ11-13 未接通）、2DQJ 位置不正确（吸起位接通定位表示、落下位接通反位表示）、KBQ 接通位置不正确（KBQ 1/3 闭合接通定位表示、KBQ2/4 闭合接通反位表示）。

3. 联锁道岔表示采集电路

双动道岔表示电路室内器材与单动道岔完全一致，表示采集电路请参照"单机单动道岔 ZD6 直流道岔转换表示电路"。

4. 表示径路

1）表示电路径路

X1：定位表示用线。

X2：反位表示用线。

X3：定位、反位表示专用线。

2）启动电路径路

X1：反位—定位启动用线。

X2：定位—反位启动用线。

X4：定位、反位启动用线。

3）综合表示电路径路和启动电路径路

X1：向定位启动、定位表示专用线。

X2：向反位启动、反位表示专用线。

X3：表示专用线。

X4：启动专用线。

5. 相关器材、继电器及接点在启动电路中的作用

DBJ/FBJ、BB、RD4、R、C、YWQ、1DQJ 接点、2DQJ 接点在电路中作用请参照"单机单动道岔 ZD6 直流道岔转换表示电路"。KBQ、Z 作用有所差异。

1）KBQ

（1）分别检查双动 1# 道岔和 2# 道岔转换是否到位、转辙机是否锁闭、密贴是否良好，KBQ 是切断启动电路，接通表示电路的关键部件。

（2）定位表示检查接点：1# 转辙机 KBQ31-32、KBQ33-34、KBQ13-14；2# 转辙机 KBQ31-32、KBQ33-34、KBQ13-14。

（3）反位表示检查接点：1# 转辙机 KBQ21-22、KBQ23-24、KBQ43-44；2# 转辙机 KBQ21-22、KBQ23-24、KBQ43-44，见表 2-3。

表 2-3　定位、反位表示检查接点表

定位—反位启动接点		反位—定位启动接点		定位表示	反位表示
一动	二动	一动	二动	KBQ31-32	KBQ21-22
KBQ11-12	KBQ11-12	KBQ41-42	KBQ41-42	KBQ33-34	KBQ23-24
KBQ21-22 传递		KBQ31-32 传递		KBQ13-14	KBQ43-44

2）Z

（1）半波整流，将 BB 输出交流电压整成直流电压，给 DBJ/FBJ 提供动作电源。

（2）双动道岔合用一个二极管。

（3）二极管设置要求：必须设置在表示电路最末端，双动道岔二极管设置在二动转辙机电缆盒内。

三、ZD6 直流道岔转换控制电路特殊操作——应急盘输入指令操作道岔

在应急盘上可实现单操道岔，确认道岔位置，办理引导总锁闭，开放信号。

（一）应急盘 ZD6 直流道岔转换控制电路图及相关设备

1. 道岔转换控制电路图

应急盘 ZD6 直流道岔转换控制电路如图 2-50 所示。

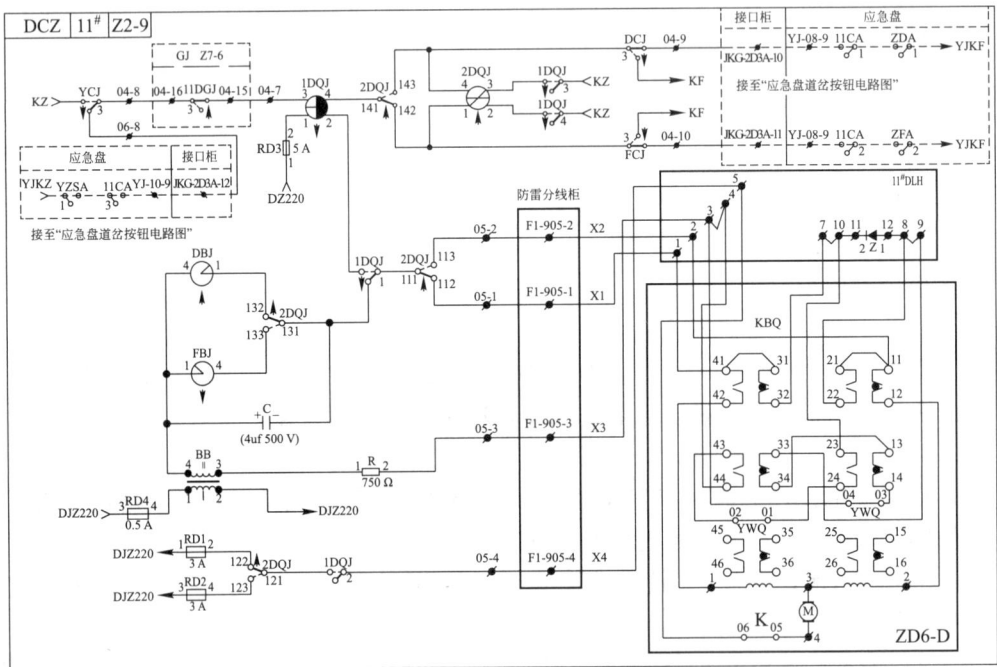

图 2-50　道岔控制电路图

1）图纸各标注点含义

（1）DCZ：组合名称——直流转辙机道岔组合。

（2）11#：本组合对应道岔号——11 号道岔。

（3）Z2-9：本组合的具体位置——第 2 个继电器组合架，第 9 层。

2）图纸虚线框及虚框内部内容含义

（1）虚线框：虚线框内设备或接点不属于本道岔组合自身的设备或接点。

（2）GJ：虚线框组合名称——轨道电路组合。

（3）Z7-6：虚线框本组合的具体位置——第 7 个继电器组合架，第 6 层。

（4）JKG（接口柜）：道岔组合线缆与去往应急盘电缆对接的设备。

（5）YJ（应急盘）：人工输入指令操作道岔设备。

2. 器材对照表

器材对照表，参照"单机单动道岔 ZD6 直流道岔转换控制电路图及相关设备"，表 2-4 为新增器材。

表 2-4 器材对照表

序号	代号	名称
1	YJ	应急盘
2	YJKZ	应急盘正电源
3	YJKF	应急盘负电源
4	YZSA	引导总锁按钮
5	(11#) CA	(对应道岔号)道岔按钮
6	ZDA	应急盘道岔总定按钮
7	ZFA	应急盘道岔总反按钮
8	JKG	接口柜

3. 应急盘

应急盘如图 2-51 所示。

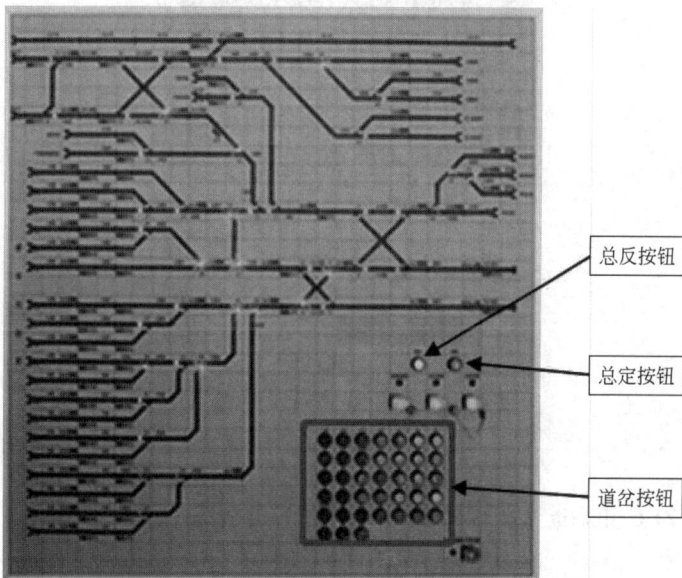

图 2-51 应急盘

1) 应急盘显示

(1) 能够显示停车场/车辆段道岔布置。

(2) 能够显示道岔实际位置(定位、反位、无表示)。

2) 作用

当联锁设备出现故障时,不能驱动 YCJ 和 DCJ/FCJ 正常吸起,可人工按压应急盘相关按钮,利用 YCJ 落下接点、FCJ(DCJ)落下接点接通 1DQJ 励磁电路,实现电扳道岔功能,并且能正确反映道岔实际位置。

3）按钮

（1）YZSA 引导总锁按钮：按下此按钮，能够锁闭停车场/车辆段全部道岔，禁止所有电扳道岔操作。

（2）ZDA 道岔总定按钮：操作道岔方向按钮，此按钮是向定位操纵按钮。

（3）ZFA 道岔总反按钮：操作道岔方向按钮，此按钮是向反位操纵按钮。

（4）（11#）CA（对应道岔号）道岔按钮，全站每一组道岔设置一个，双动道岔设置一个。

4）JKG

JKG（接口柜）是应急盘和道岔组合配线对接设备，作用相当于分线柜，如图 2-52 所示。

图 2-52　接口柜

（二）应急盘 ZD6 直流道岔转换启动电路

1. 启动电路图

启动电路由 DZ220 V/DF220 V、RD1、RD2、RD3、1DQJ、2DQJ、YJ（应急盘 11#CA、ZFA、YZSA）、JKG、11#ZZJ（M̲、KBQ、K）、11#DLH、继电器接点、连接线缆及电缆组成，如图 2-53 所示。

2. 启动电路动作顺序

以转辙机 KBQ 1/3 闭合，定位—反位单操操纵为例，如图 2-54 所示。

3. 继电器控制电路图

继电器控制电路初始状态为定位，如图 2-55 所示。

4. 继电器动作顺序

图 2-56 所示为继电器动作顺序。

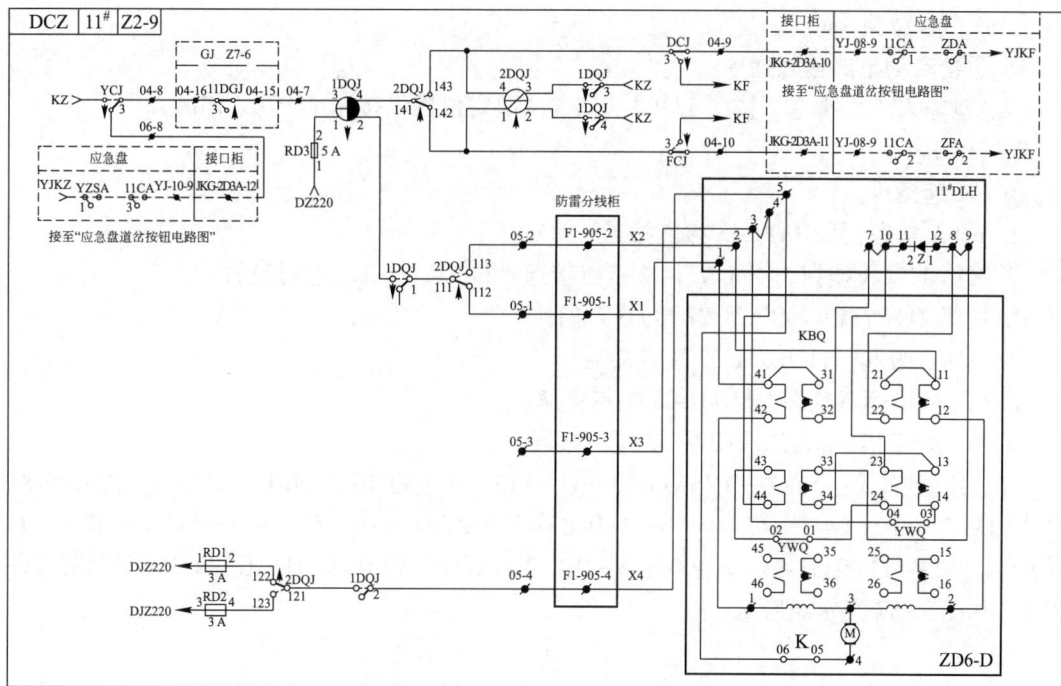

图 2-53　应急盘 ZD6 直流道岔转换启动电路

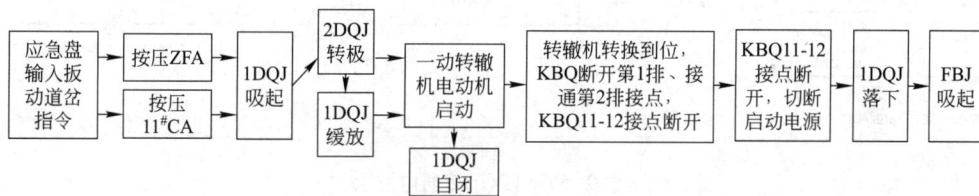

图 2-54　启动电路动作顺序

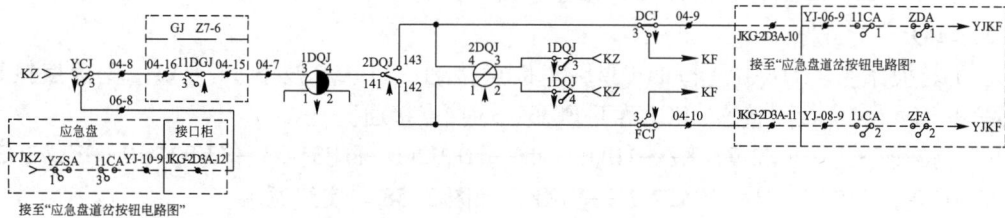

图 2-55　继电器控制电路初始状态

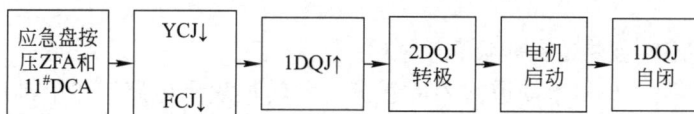

图 2-56　继电器动作顺序

5. 继电器动作条件

1）道岔启动电路输入指令

应急盘输入单操指令，按压 11#CA、ZFA（向定位操纵按压 11#CA、ZDA）。

2）1DQJ

（1）吸起条件。

① YZSA 常态，YZSA11-13 接点接通；

② 按压 11#CA 按钮，11#CA21-22 接点接通、11#CA 31-32 接点接通；

③ 按压 ZFA 按钮，ZFA21-22 接点接通；

④ 11DGJ 吸起，11DGJ31-32 接点接通；

⑤ FCJ 处于落下状态，FCJ31-33 接点接通；

⑥ YCJ 处于落下状态，YCJ31-33 接点接通。

（2）接通公式：YJKZ—YZSA11-13—11#CA31-32—YJ-10-9—JKG-2D3A-12—Z2-906-8—11# YCJ33-31—Z2-904-8—Z7-604-16—11DGJ31-32—Z7-604-15—Z2-904-7—11# 1DQJ3-4—11# 2DQJ141-142—11# FCJ31-33—Z2-904-10—JKG-2D3A-11—YJ-08-9—11# CA22-21—ZFA22-21—YJKF，如图 2-57 黑实线所示。

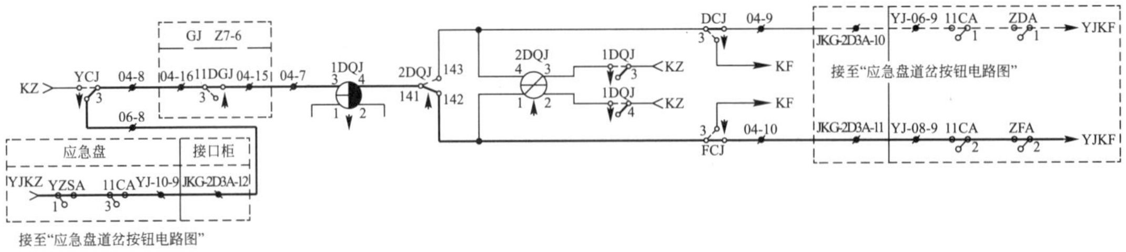

图 2-57　1DQJ 接通电路

（3）落下条件：2DQJ 转极，2DQJ141-142 断开；松开 11#CA 按钮，自复弹起 11#CA31-32 断开、11#CA21-22 断开；松开 ZFA 按钮，自复弹起 11#CA21-22 断开。

3）2DQJ

（1）转极条件：1DQJ 吸起 1DQJ41-42 接点接通、11#CA 按下 11#CA21-22 接点接通、ZFA 按下 ZFA21-22 接点接通、FCJ 落下 FCJ31-33 接点接通。

（2）接通公式：（Z2-9）KZ—1DQJ41-42—2DQJ2-1—FCJ31-33—Z2-904-10—JKG-2D3A-11—YJ-08-9—11#CA22-21—ZFA22-21—YJKF，如图 2-58 黑实线所示。

4）1DQJ

1DQJ 自闭电路（转辙机动作电路）及相关部件作用与 ZD6 单动道岔、双动道岔一致。

（三）应急盘 ZD6 直流道岔转换表示电路

表示电路请参照"单机单动道岔 ZD6 直流道岔转换表示电路""单机双动道岔 ZD6 直流道岔转换表示电路"。

应急盘表示灯电路如图 2-59 所示。

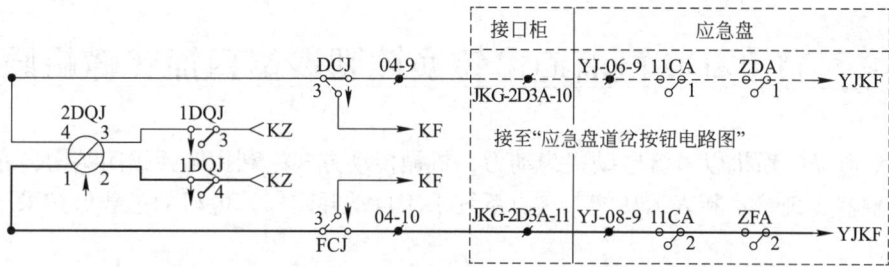

图 2-58 2DQJ 接通电路

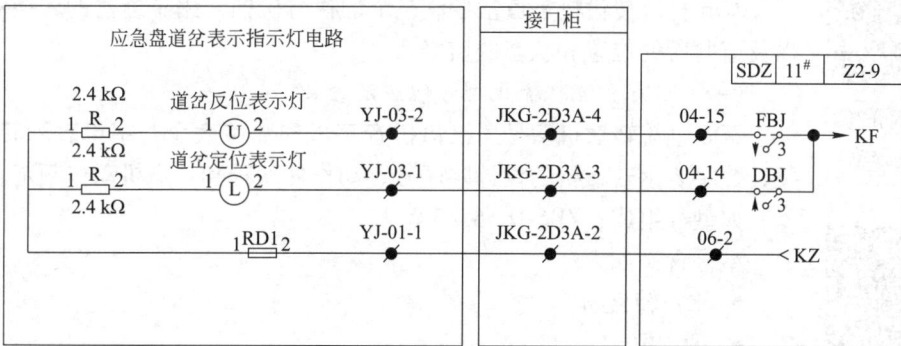

图 2-59 应急盘表示灯电路

1）接通公式

L（绿）道岔定位表示灯：（Z2-9）KZ—Z2-906-2—JKG-2D3A-2—YJ-01-1—RD1 2-1—R1-2—11#L1-2—YJ-03-1—JKG-2D3A-3—Z2-904-14—11#DBJ32-31—（Z2-9）KF，如图 2-60 黑实线所示。

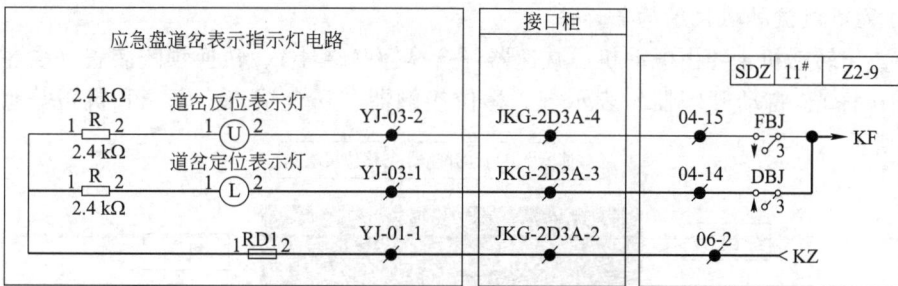

图 2-60 应急盘表示灯电路接通电路

2）作用

正确显示道岔所处的实际位置：

- L（绿）灯点亮，DBJ 吸起、FBJ 落下，道岔处于定位状态；
- U（黄）灯点亮，FBJ 吸起、DBJ 落下，道岔处于反位状态；
- L/U 均未点亮，都在灭灯时，DBJ 落下、FBJ 落下，道岔处于"四开"状态。

第二节　ZD6直流道岔转换控制设备直流转辙机原理

ZD6型电动转辙机以直流电动机为动力，机械传动方式，利用圆弧锁闭结构，靠挤切销和移位接触器实现挤岔断表示功能。接点系统采用自动开闭器。电机的过载保护采用带式摩擦联结器。

一、ZD6直流转辙机简介

ZD6直流转辙机是道岔控制系统的执行机构，用于道岔的转换和锁闭，以及道岔所处位置和状态的监督。

ZD6简介与原理（预览）

（一）ZD6直流转辙机型号组成及含义

ZD6直流转辙机型号用汉语拼音字母和数字表示，字母表示转辙机种类，数字表示转辙机的设计顺序号、动作杆动程和转辙机动作额定转换力。

如型号组成：ZD6-D 165/3.5

型号含义如下。

ZD6简介与原理（整体传动关系）

- Z：转辙机。
- D：电动。
- 6：转辙机设计顺序号。
- -D：派生类型；如ZD6直流转辙机型号及参数，表2-5中ZD6-D，ZD6-F，ZD6-G。
- 165：转辙机动作杆动程（单位：mm），该转辙机动作杆动程为165 mm。
- 3.5：转辙机动作额定转换力（单位：kN），该转辙机动作额定转换力为3.5 kN。

（二）ZD6直流转辙机结构与部件

ZD6直流转辙机主要由电动机、减速器（含摩擦联结器）、转换锁闭装置（含主轴、齿条块、动作杆）、自动开闭器、表示杆、移位接触器、安全接点、底壳和机盖等组成，如图2-61所示。

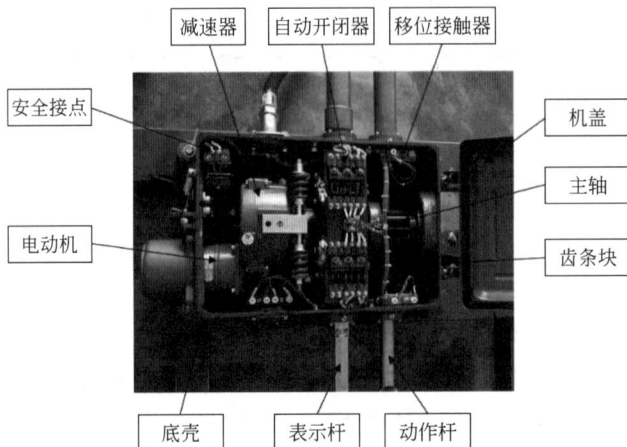

图2-61　ZD6直流转辙机结构与部件

（三）ZD6 直流转辙机型号及参数

ZD6 电动转辙机是目前应用最广泛的转辙机，随着铁路、地铁运输的发展，重型钢轨和大号码道岔的大量上道，额定负载 2 450 N 的 ZD6-A 不能满足要求，出现了满足各种需求的 ZD6 型转辙机的派生型号，逐步形成了 ZD6 系列，转辙机型号及参数见表 2-5。各型 ZD6 电动转辙机的额定工作电压均为直流 160 V。

表 2-5　ZD6 直流转辙机型号及参数

型号	额定电压/V（DC）	额定转换力/kN	动作杆动程/mm	表示杆动程/mm	转换时间/s	工作电流/A	摩擦电流/A	主、副销挤切力/N
ZD6-D 165/3.5	160	3.5	165	135~170	≤5.5	≤2.0	2.3~2.9	主销 29 420±1 961 副销 29 420±1 961
ZD6-F 130/4.5	160	4.5	130	80~130	≤6.5	≤2.0	2.3~2.9	主销 29 420±1 961 副销 49 000±3 000
ZD6-G 165/5.8	160	5.8	165	135~170	≤9	≤2.0	2.3~2.9	主销 29 420±1 961 副销 49 000±3 000

（四）ZD6 直流转辙机特点

（1）电动机：采用直流电动机，额定电压为 DC 160 V。

（2）传动机构：采用齿轮齿条传动。

（3）锁闭机构：采用锁闭圆弧锁闭。

（4）过载保护装置：采用鼓式摩擦带。

（5）转辙机动作次数：在正常维护状态下转辙机能连续可靠工作 30 万次（推、拉动作各为一次）。

二、ZD6 直流转辙机原理、指标及作用

ZD6 简介与
原理（简介）

（一）ZD6 直流转辙机工作原理

启动电源来自道岔控制电路，经过自动开闭器动、静接点组接点及手动安全接点，接至电动机，电动机得电开始旋转，为转辙机转换提供动力源。电动机带动减速器旋转，通过减速器齿轮减速，增大扭矩力；通过摩擦联结器输出轴带动主轴旋转。主轴带动锁闭齿轮旋转，锁闭齿轮拨动齿条块运动，将锁闭齿轮的旋转运动改为齿条块的直线运动；齿条块带动动作杆移动，实现道岔的转换和锁闭。主轴带动启动片、速动片旋转，使自动开闭器的动接点组和检查柱动作，接通、断开启动电路和表示电路，并实现对道岔密贴检查。

（二）ZD6 直流转辙机部件原理、指标及作用

1. 电动机

电动机由引线、输出齿轮、换向器（转子）、电动机铭牌、换向器孔盖板、炭刷装置等组成，如图 2-62 所示。

ZD6 转辙机配用直流串激电动机。直流电机两个定子绕组线圈分别通电后，产生磁场；换向器和炭刷用于接通转子线圈内电流，使转子产生转动力矩，转子向定（反）位方向转动。

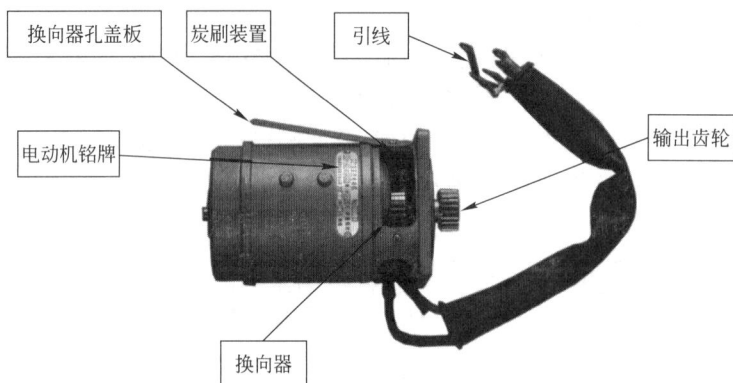

图 2-62　电动机

1）相关技术要求及指标

（1）额定电压为 160 V，额定电流为 2 A。

（2）换向器表面光滑、干净，无烧痕；换向片间的绝缘物不得高出换向器的弧面。

（3）炭刷在握盒内上下不卡阻，无过量旷动；炭刷与换向器呈同心弧面接触，接触面积不少于炭刷面的 3/4，工作时应无过大火花；炭刷长度不小于炭刷全长的 3/5（总长度 15 mm），如图 2-63 所示。

图 2-63　炭刷

2）电动机作用

（1）电动机给转辙机转换提供动力。

（2）接线端子实现定子线圈、转子线圈配线及定反位启动电源配线连接，如图 2-64 所示。

图 2-64　接线端子

2. 减速器（摩擦联结器）

1）减速器组成

转辙机由于体积、质量的限制，所用电动机功率不可能很大，为了得到较大的转矩来带动道岔转换，需要用减速器把转速降下来。

（1）减速器（摩擦联结器）由减速器、摩擦联结器组成，如图 2-65 所示。

图 2-65　减速器（摩擦联结器）

减速器由手摇输入轴、减速齿轮、电动机安装盘、安装孔、机壳、减速器铭牌等组成，如图 2-66 所示。

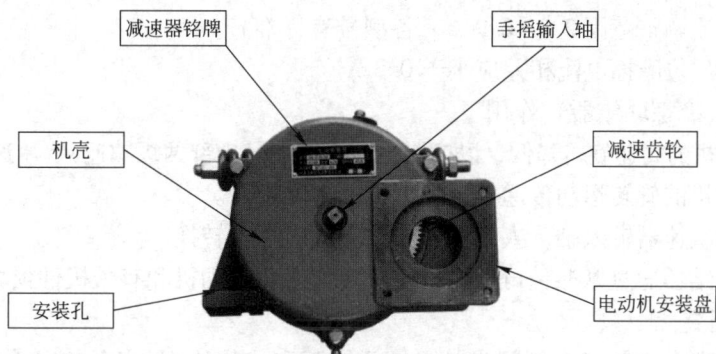

图 2-66　减速器组成示意图

（2）摩擦联结器由调整螺栓、调整螺母、弹簧、摩擦带、安装孔、输出轴、固定销、内齿轮、夹板等组成，如图 2-67 所示。

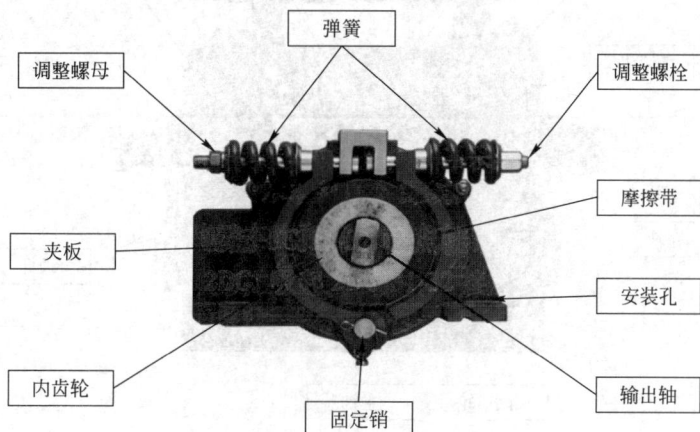

图 2-67　摩擦联结器组成示意图

2）工作原理

（1）减速器原理：减速器通过内部齿轮连接传动，将电动机输入的高速旋转降低，增大扭矩力。

（2）摩擦联结器原理：摩擦带安装在一对夹板上，两个夹板依靠调整螺栓、弹簧、螺母等部件连接在一起，包裹住内齿轮，产生的摩擦力使内齿轮不得旋转；当负载过大或道岔转换过程中遇阻使主轴不能旋转时，内齿轮克服摩擦带对内齿轮的摩擦力，内齿轮在摩擦带间空转，避免因过载导致电机烧毁或其他零部件的损坏。摩擦电流要调整适当，过大会导致电动机和有关机件损坏，转换到位后接点反弹，过小不能正常带动道岔转换。道岔在正常转动时，内齿轮不空转；道岔转换终了时，内齿轮应稍有空转；道岔尖轨因故不能转换到位时，内齿轮应空转。

3）相关技术要求及指标

（1）通电转动时声音正常，无异常噪声，手摇动时无卡阻。

（2）弹簧的相邻圈最小间隙不小于 1.5 mm。

（3）弹簧不得与夹板部分触碰。

（4）摩擦带与内齿轮伸出部分应保持清洁，不得锈蚀或沾油。

（5）摩擦电流调整范围 2.3~2.9 A（各型号有标准）。

（6）定位、反位摩擦电流相差应小于 0.3 A。

4）减速器（摩擦联结器）作用

（1）把电动机的高速旋转降低，以换取足够的转矩（内部两级减速），用速度换取力量。

（2）将电动机的旋转运动传递至主轴，带动主轴旋转。

（3）能通过减速器输入轴，人工手摇方式完成转辙机转换。

（4）摩擦联结器通过摩擦带可使内齿轮空转，避免电动机和有关机件损坏。

3. 转换锁闭装置

转换锁闭装置由主轴（含锁闭齿轮、锁闭圆弧和止挡栓）、齿条块（含挤切销、顶杆、削尖齿）、动作杆等组成，如图 2-68 所示。

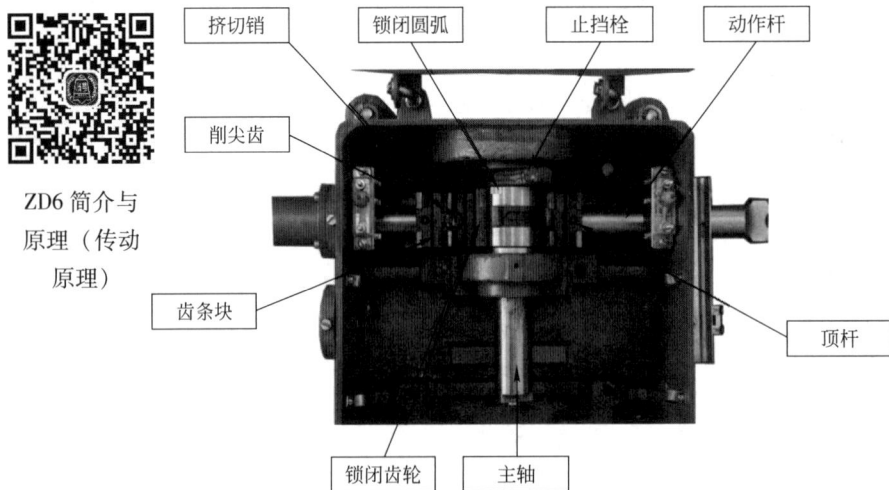

ZD6 简介与原理（传动原理）

图 2-68 转换锁闭装置组成示意图

1）工作原理

（1）主轴由锁闭齿轮、锁闭圆弧和止挡栓组成。主轴随减速器做旋转运动，锁闭齿轮拨动齿条块运动。道岔转换到位，锁闭圆弧与齿条块削尖齿弧面吻合，锁闭齿条块，防止齿条块横向窜动，止挡栓限制主轴的旋转角度。主轴结构示意图如图 2-69 所示。

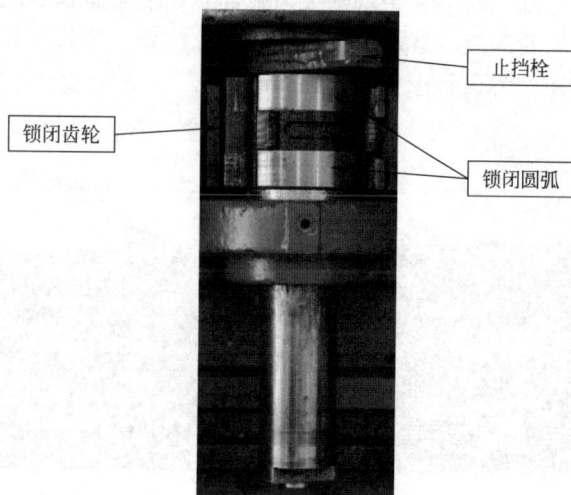

图 2-69　主轴结构示意图

（2）齿条块由挤切销、顶杆、削尖齿组成。齿条块在锁闭齿轮拨动下做直线运动，削尖齿弧面与锁闭圆弧形成同心圆，当完全吻合时形成锁闭圆弧对齿条块的锁闭，当齿条块受到外力撞击时，力作用在锁闭圆弧上，齿条块不会带动锁闭齿轮旋转。挤切销连接齿条块与动作杆，使齿条块与动作杆同步动作，完成转换道岔。当尖轨传至动作杆外力大于挤切销承受极限时，挤切销折断。顶杆位于齿条块与动作杆连接凹槽内，当挤切销折断，齿条块与动作杆产生位移，动作杆将顶杆从动作杆凹槽内挤出，顶杆上升后使移位接触器接点断开。齿条块结构示意图如图 2-70 所示。

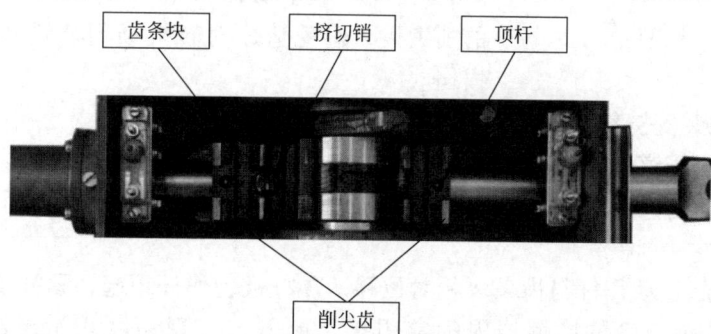

图 2-70　齿条块结构示意图

2）相关技术要求及指标

（1）锁闭齿轮圆弧与齿条块削尖齿圆弧应吻合，无明显磨耗，接触面不小于 50%，在齿条块处于锁闭状态下，两圆弧面应保持同圆心。

（2）挤切销固定在齿条块圆孔内的台上，不得顶住或压住动作杆。

3）转换锁闭装置解锁（含转换）、锁闭及防护原理

（1）解锁（含转换）原理：转换锁闭装置初始状态，如图 2-71 所示。主轴旋转带动锁闭齿轮旋转，使锁闭齿轮圆弧面沿齿条块削尖齿弧面转出后解锁齿条块，锁闭齿轮旋转拨动齿条块，齿条块将锁闭齿轮的旋转运动改为直线运动。齿条块通过挤切销带动动作杆水平移动，实现道岔尖轨的转换。解锁状态如图 2-72 所示。

图 2-71　转换锁闭装置初始状态　　　　图 2-72　解锁状态

（2）锁闭原理：道岔尖轨转换到位并与基本轨密贴后，锁闭齿轮锁闭圆弧和齿条块上的削尖齿处于重合位置，锁闭齿轮锁闭齿条块，实现转辙机对道岔锁闭。当水平力作用在动作杆上时，锁闭齿轮与齿条块在锁闭圆弧处的相互作用力通过圆弧圆心，使得锁闭齿轮不能旋转，因此，保证了齿条块与动作杆不会反向水平移动，锁闭状态如图 2-73 所示。

图 2-73　锁闭状态

（3）防护原理：止挡栓与止挡桩限制主轴只能在 360° 内旋转，防止锁闭齿轮（锁闭圆弧）转过齿条块上的削尖齿，避免造成对转换锁闭装置和自动开闭器的损伤。

4）转换锁闭装置挤岔防护

（1）挤切销：当道岔挤岔时，尖轨带动转辙机动作杆移动，由于齿条块被锁闭齿轮锁闭，动作杆切断与齿条块连接的挤切销，动作杆与齿条块失去连接，从而保证转辙机及机内器件不被损坏。

（2）顶杆顶起：动作杆与齿条块相对位移，顶杆被动作杆顶起，顶杆顶起处于正上方的移位接触器触头，移位接触器内的常闭接点断开，实现切断表示电路，如图 2-74 所示。

（3）尖轨的移动会带动表示杆移动，表示杆将检查柱向上顶起，带动接点座中的支架摆动，使支架上的动接点从静接点中退出，表示电路断开。

图 2-74　挤岔防护结构示意图

4. 自动开闭器

自动开闭器由自动开闭器底座、动接点组、静接点组、速动爪、速动片、启动片、拐轴、检查柱、拉簧等组成，如图 2-75 所示。

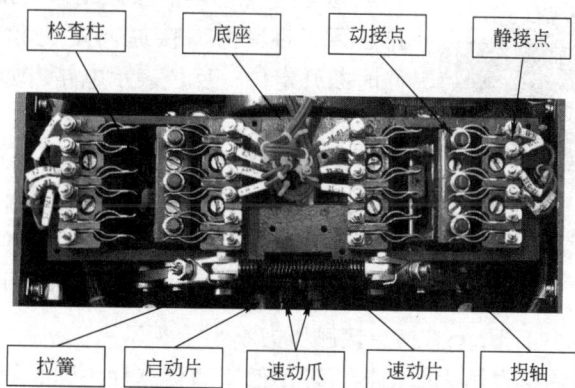

ZD6 简介与原理（表示原理）

图 2-75　自动开闭器结构示意图

1）工作原理

通过启动片旋转动作滚轮、速动爪，使自动开闭器动接点组变换在静接点组接通位置，实现启动电路、表示电路接通与断开；并且带动检查柱升起和打落，与表示杆配合，检查尖轨密贴，正确反映尖轨位置。

（1）自动开闭器启动时动作原理（包含组件有：滚轮、启动片、拐轴、检查柱、动接点、静接点）：1/3 闭合—2/4 闭合转换。

主轴带动启动片旋转运动，启动片斜面将滚轮顶起，滚轮带动拐轴，将检查柱从表示缺口中提起；同时动接点组断开第 3 排静接点组，接通第 4 排静接点组；动接点、静接点实现切断既有表示电路并接通转辙机向回扳动的启动电路，此时自动开闭器处于"四开"状态。

（2）自动开闭器锁闭时动作原理（包含组件有：速动爪、速动片、拐轴、检查柱、动接点、静接点）：1/3 闭合—2/4 闭合转换。

转辙机带动道岔尖轨转换到位并锁闭，同时速动爪脱离速动片表面支撑，速动爪落入启动片缺口，通过拐轴带动第 1 排动接点组快速打入第 2 排静接点组，同时拐轴带动检查柱落入表示缺口，切断转辙机启动电路，接通表示电路。

（3）自动开闭器动接点、静接点位置（以 1/3 闭合定位为例）。

① 动接点组与静接点组第 1 排、第 3 排接通，第 2 排、第 4 排断开，此时接通的是定位表示电路及向反位扳动的启动电路，如图 2-76 所示。

② 动接点组与静接点组第 2 排、第 4 排接通，第 1 排、第 3 排断开，此时接通的是反位表示电路及向定位扳动的启动电路，如图 2-77 所示。

图 2-76　接通第 1、第 3 排端子

图 2-77　接通第 2、第 4 排端子

图 2-78　接通第 1、第 4 排端子

③ 动接点组与静接点组第 1 排、第 4 排接通，第 2 排、第 3 排断开，接通向定位和向反位的启动电路，同时断开定位、反位表示电路，如图 2-78 所示。

2）相关技术要求及指标

（1）静接点片须长短一致，左右接点片对称，接点片不弯曲，辅助片（补强片）作用良好。

（2）动接点在静接点片内的接触深度不小于 4 mm，用手扳动动接点组，其摆动量不大于 3.5 mm。动接点组与静接点组座间隙不小于 3 mm。接点接触压力不小于 4 N。

（3）动接点组打入静接点组内，动接点环不低于静接点片，同时静接点片下边不应与动接点绝缘体接触。

（4）速动爪落下前动接点在静接点内有窜动时，应保证接点接触深度不少于 2 mm。

（5）速动爪的滚轮在传动中应在速动片上滚动，速动爪滚轮与滑面的接触不少于 2 mm，落下后不得与启动片缺口底部相碰。

（6）速动片内部弹簧功能正常，速动片伸缩动作灵活，无卡阻。

（7）检查柱动作灵活，不摩卡。

3）自动开闭器作用

在转辙机内随主轴动作，能自动完成开关作用。随着道岔的转换，正确地接通与断开电动机启动电路及表示电路，用来反映道岔尖轨所在的位置。

5. 表示杆

表示杆由主表示杆、副表示杆各一根组成，如图 2-79 所示。

1）工作原理

主表示杆、副表示杆通过紧固螺栓和调整螺母固定在一起，两根表示杆同步动作。主表示杆通过表示连接杆与尖轨连接，随尖轨动作，用来检测尖轨密贴，并反映尖轨位置（定位或反位），如图 2-80 所示。

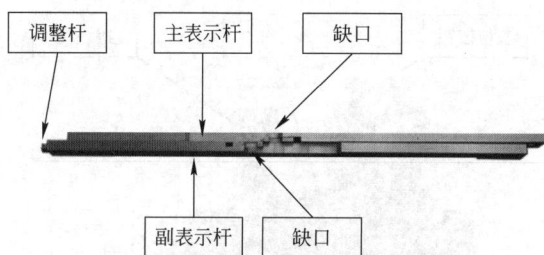

图 2-79　表示杆结构示意图

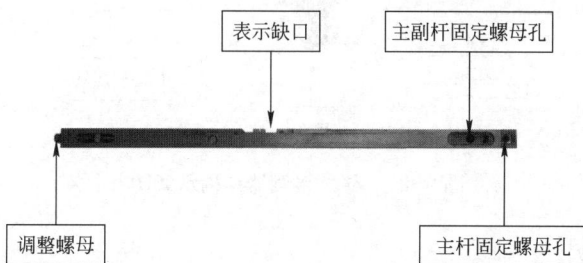

图 2-80　表示杆动作原理图

2）相关技术要求及指标

（1）检查块的上平面应低于表示杆或锁闭表示杆的上平面 0.2~0.8 mm。

（2）检查柱落入检查块缺口内，两侧间隙为 1.5±0.5 mm。

3）表示杆作用

检测道岔所处的位置状态，表示杆随道岔的尖轨转换而动作，尖轨与基本轨密贴并锁闭良好后，通过调整缺口，使得表示杆上缺口正好运行至自动开闭器检查柱的下方，检查柱落入其缺口内，从而带动接点转换，接通道岔表示电路。当发生挤岔时，尖轨移动带动表示杆移动，表示杆推动检查柱上升，使得动接点、静接点分离，从而断开表示电路。挤岔时与移位接触器形成双重防护，确保表示电路可靠断开。

6. 移位接触器

移位接触器由复位按钮、接点弹片、接线柱、安装孔、调整螺丝、触头、常闭接点等组成，如图 2-81 所示。

1）工作原理

移位接触器相当于一个非自复式机械型继电器，内部有一个常闭接点，接通表示电路；当触头由外力作用顶起时，断开内部常闭接点，断开表示电路；断开的常闭接点非经人工恢复，接点不得自动接通。

2）相关技术要求及指标

（1）顶杆与触头间隙为 1.5 mm，接点不应断开，当用 2.5 mm 垫片试验或用备用销（副销）带动道岔时，移位接触器接点应可靠断开。

（2）移位接触器接点断开，非经人工恢复不得接通电路。

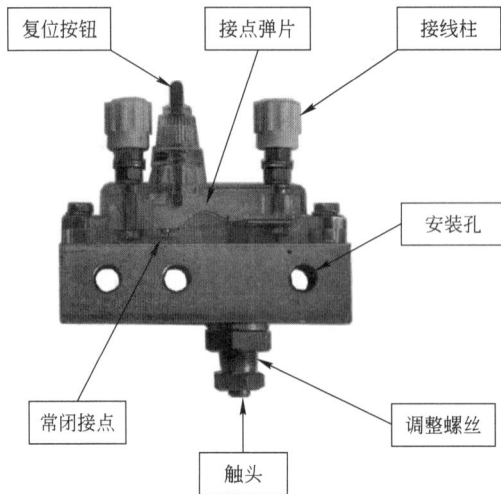

图 2-81　移位接触器结构示意图

3）移位接触器作用

移位接触器是发生挤岔时断开表示电路的装置，用来监督挤切销的受损状态；当发生挤岔时，动作杆将齿条块内顶杆向上顶出，将位于顶杆正上方的移位接触器触头顶起，移位接触器内的常闭接点断开，切断表示电路。

7. 手动安全接点（遮断器）

手动安全接点由动接点、静接点、堵孔板和带帽拨扣等组成，如图 2-82 所示。

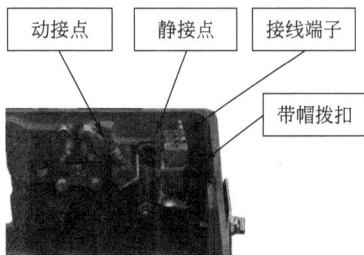

图 2-82　遮断器结构示意图

1）工作原理

（1）当未断开转辙机安全接点时，不能使用手摇把手摇道岔。

（2）在手摇道岔后，未经人工恢复，安全接点不能自行接通。

（3）带帽拨扣（防自动复位开关）：当安全接点（动接点和静接点）断开后，拨扣（防自动复位开关）卡住动接点支柱，使直接顺时针扳动手动杆不能将动接点和静接点闭合；如需闭合安全接点，必须人工提起带帽拨扣（防自动恢复开关），然后再逆时针扳动堵孔板才能使安全接点闭合。

2）手动安全接点（遮断器）作用

（1）在手动操作转辙机或打开转辙机机盖时，必须断开安全接点，以保证操作是在绝对安全的情况下进行；当安全接点断开后，必须经人工恢复才能接通。

（2）安全接点是启动电路的接通点。

（3）堵孔板与手动安全接点连接，动接点随堵孔板动作，堵孔板依靠底壳支柱固定且能够锁死，当打开时，将支柱拨开，将堵孔板顺时针旋转，使钥匙孔及摇把孔露出的同时，也将动、静接点分离，切断了转辙机启动电路，如图 2-83 所示。安全接点断开后，必须经人工恢复才能重新接通。

图 2-83　遮断器动作原理图

8. 底壳、机盖

底壳由引线孔及组件、动作杆防护罩（含方孔套）、表示杆防护罩（含方孔套）、电动机防护罩、钥匙孔（含锁扣、支柱）、手摇把孔、机盖连接轴、机盖压接螺栓等组成。

机盖由机壳及防尘条等组成。底壳、机盖作用如下。

（1）底壳：具有固定各部件，防止器件受损坏的作用。

① 引线孔及组件：转辙机至电缆盒穿越路径，并具备防水、防尘功能。

② 动作杆防护罩（含方孔套）：保护动作杆，并确保动作杆油润及防尘防水。

③ 表示杆防护罩（含方孔套）：保护表示杆，并确保表示杆油润及防尘防水。

④ 电动机防护罩：保护电动机。

⑤ 钥匙孔（含锁扣）、锁闭机盖及（外锁机盖）装置、手摇把孔：手摇把插入手摇把孔，连接减速器输入轴，由人工转换道岔。

⑥ 机盖连接轴：固定转辙机盖，并能调整机盖密封。

⑦ 机盖压接螺栓：机盖锁闭后，紧固压接螺栓，使机盖压实确保密封良好，如图 2-84 所示。

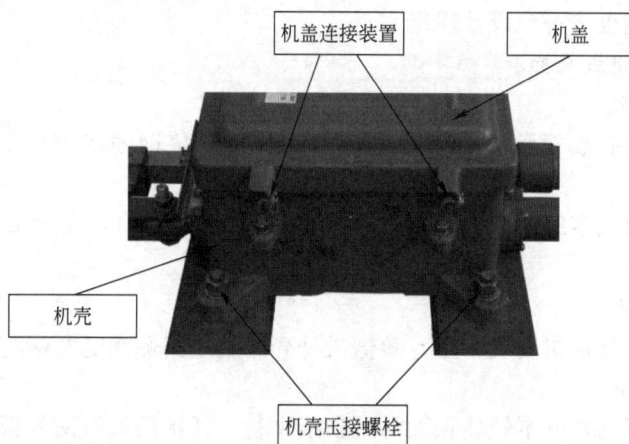

图 2-84　机盖

（2）机盖：机壳与防尘条配合具备防水、防尘功能。

第三节　ZD6 直流道岔转换控制设备安装装置、各种杆件及绝缘原理

ZD6 联动连接（内锁道岔）安装装置、各种杆件及绝缘，将基本轨和道岔两根尖轨由若干根连接杆相连，组成了框式结构。当转辙机转换时带动道岔两根尖轨同时移动，改变道岔开通方向，即定位或反位。杆件、安装装置及绝缘结构示意图如图 2-85 所示。

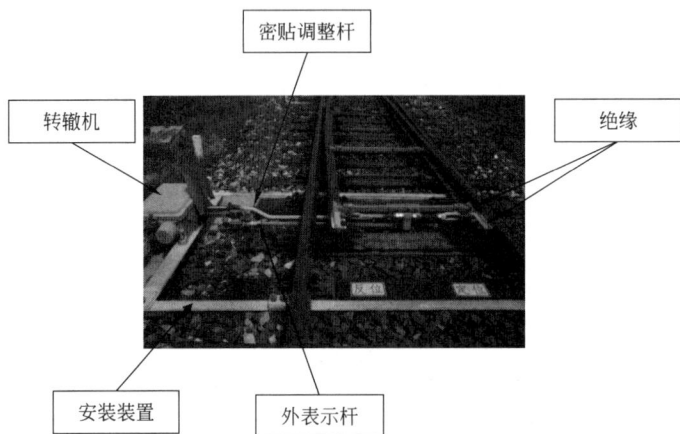

图 2-85　杆件、安装装置及绝缘结构示意图

一、安装装置原理

ZD6 安装装置采用不等边角钢构成，要求平直无弯，保证有足够的强度。转辙机安装装置的规格、安装方式也应符合设计规定。

（一）安装装置组成及标准

1. 安装装置组成

安装装置由长角钢、短角钢、钢轨连接组件及长短角钢固定螺栓等组成，如图 2-86 所示。

钢轨连接组件由固定螺栓（与基本轨连接、与长角钢连接）、角型 L 铁、垫板、绝缘组成，如图 2-87 所示。

2. 安装装置标准

安装装置应保证转辙机安装方正，转辙机外壳所属线路侧面的两端与道岔中心线垂直距离的偏差不大于 5 mm。

安装装置的托板与两基本轨轨顶面的延长线平行，托板两端及两托板的高低偏差不应大于 5 mm，托板与岔枕连接牢固。

（二）安装装置原理及作用

1. 安装装置原理简介

（1）钢轨连接组件将长角钢与基本轨用螺栓完成连接，将长角钢固定在基本轨上。

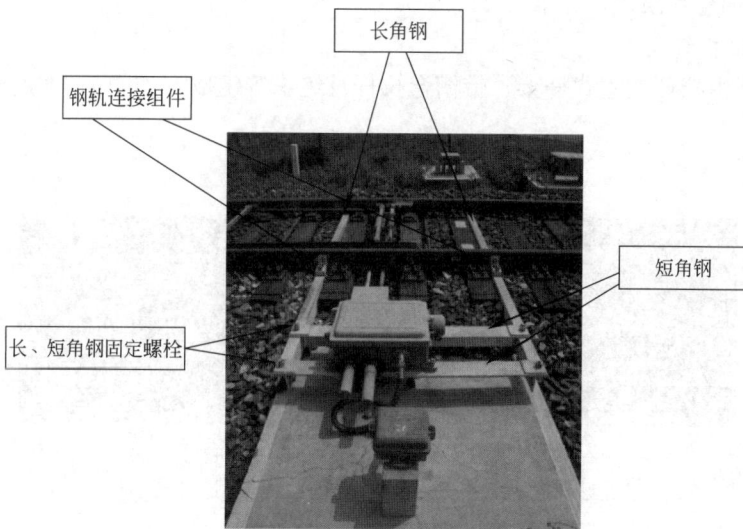

图 2-86　安装装置结构示意图

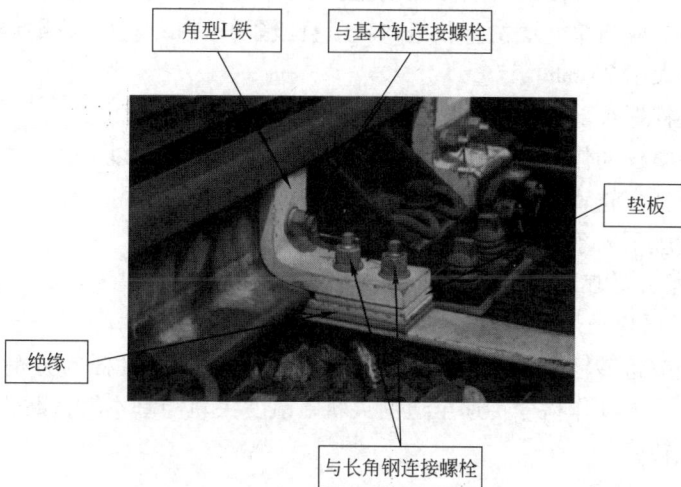

图 2-87　钢轨连接组件

（2）短角钢与长角钢用螺栓完成连接，用于固定转辙机。

2. 安装装置作用

安装装置用于安装、固定转辙机。

二、密贴调整杆原理

道岔无论在定位或是反位，尖轨必须密贴基本轨。若尖轨未密贴基本轨，说明道岔太松，通过调整密贴调整杆使尖轨密贴，反之，若尖轨已密贴基本轨，但转辙机尚未转换到底和实行锁闭，说明道岔过紧，需旋松轴套螺母，使转辙机能转换到底并实行锁闭。

（一）密贴调整杆组成及标准

1. 密贴调整杆组成

密贴调整杆由挡环、立式杆架、带槽弯拉杆及绝缘等组成，如图 2-88 所示。

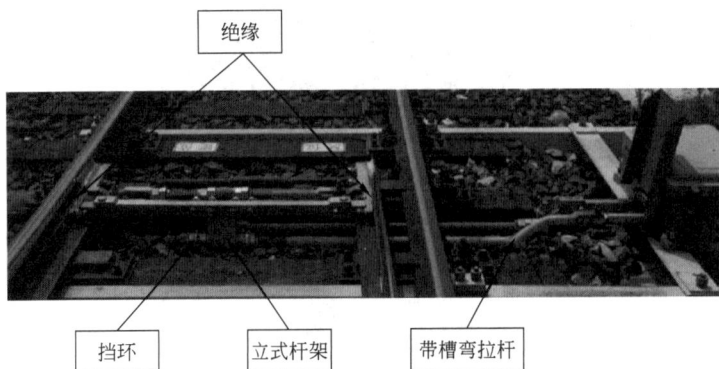

图 2-88　密贴调整杆组成

2. 密贴调整杆标准

（1）密贴调整杆水平方向的两端高低偏差应不大于 5 mm（以两基本轨工作面为基准）。

（2）密贴调整杆应与单开道岔直股基本轨或直股延长线相垂直，密贴调整杆的两端与基本轨垂直偏差应不大于 20 mm。

（3）密贴调整杆螺纹部分的调整余量应不小于 10 mm。

（4）当密贴调整杆动作时，其空动距离（游间）应在 5 mm 以上。

（5）密贴调整杆穿越轨底，其距轨底的净距离应大于 10 mm。

（6）销孔旷量应不大于 1 mm。

（二）密贴调整杆原理及作用

1. 密贴调整杆原理

密贴调整杆完成将转辙机动作杆与固定两根尖轨的第一连接杆（方钢）连接；将转辙机的动作杆伸出、拉入动作指令传递至道岔尖轨，改变尖轨与基本轨密贴位置，从而带动道岔实现定位、反位转换。

2. 密贴调整杆作用

（1）实现转辙机与道岔尖轨连接，完成转辙机转换力的传递，带动道岔尖轨到指定位置，并且能够调整道岔尖轨定位、反位分别与基本轨密贴。

（2）密贴调整杆各部件的作用。

① 带槽弯拉杆：带槽弯拉杆是连接转辙机和立式杆架部件，按照转辙机命令做直线伸出、拉入动作。

② 挡环、轴套、防松螺母：通过调整轴套的松紧，可调整道岔尖轨与基本轨的密贴。挡环上有卡键，卡住轴套不让轴套发生转动，不会改变道岔尖轨与基本轨的密贴。防松螺母固定挡环，达到挡环、轴套、防松螺母 3 个部件一起固定。

③ 立式杆架：与固定两根尖轨的第一连接杆（方钢）连接，是杆件与道岔连接关键部件，如图 2-89 所示。

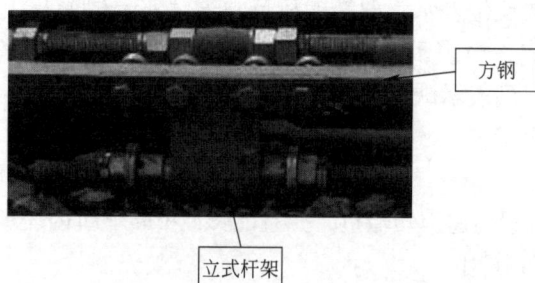

图 2-89　立式杆架

三、外表示杆原理

电动转辙机的表示杆与道岔的表示连接杆将随道岔动作，用来检查尖轨是否密贴，以及道岔处于定位还是反位。

（一）外表示杆组成及标准

1. 外表示杆组成

外表示杆由尖端杆和连接杆两大部分组成。

（1）尖端杆由尖端铁、带槽直拉杆、舌铁、挡环、螺扣接头、绝缘组件（绝缘板、绝缘管、绝缘垫圈）等组成，如图 2-90 所示。

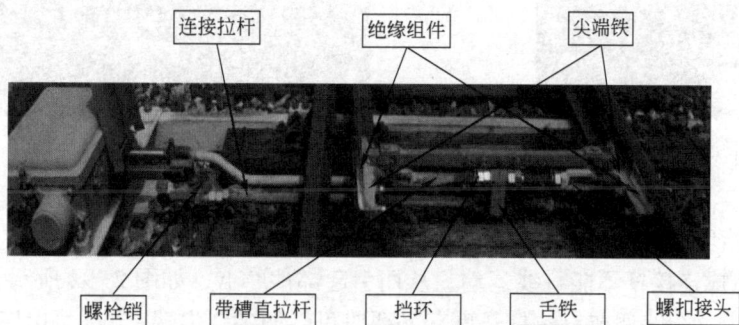

图 2-90　尖端杆、连接杆结构示意图

（2）连接杆由连接拉杆、螺栓销组成，如图 2-90 所示。

2. 外表示杆标准

外表示杆其水平方向的两端高低偏差不应大于 5 mm（以两基本轨工作面为基准）；外表示杆应与单开道岔直股基本轨或直股延长线相垂直，密贴调整杆的两端与基本轨垂直偏差应不大于 20 mm；外表示杆螺纹部分的调整余量应不小于 10 mm；外表示杆穿越轨底，其距轨底的净距离应大于 10 mm；表示杆的销孔旷量应不大于 0.5 mm。

（二）外表示杆原理及作用

1. 外表示杆原理

尖端杆安装在两根尖轨上，依靠连接杆与转辙机内表示杆连接。将尖轨的位置状态信息及动作信息传递至转辙机内表示杆，内表示杆与自动开闭器配合监测尖轨的密贴情况与尖轨的动作情况及相应定位或反位表示。向转辙机反映道岔实际位置及状态。外表示杆与转辙机的两个表示杆连接在一起，当表示缺口超标时，必须先确定是哪个表示缺口超标；在调整时，主表示缺口调外杆，副表示缺口调内杆，在调主表示缺口时，会影响副表示缺口。表示杆此种连接方式为联动表示杆。

2. 外表示杆作用

（1）将尖轨状态及位置传递至转辙机，并且能够调整转辙机内表示杆主杆表示缺口。

（2）外表示杆各部件作用。

① 尖端铁：与两个尖轨连接固定，是其他部件的支撑点，如图 2-91 所示。

② 带槽直拉杆、螺栓销：连接尖轨两端尖端铁，使之成为一体，随尖轨移动而移动，属于跟随运动杆件。

③ 舌铁：是直拉杆与连接杆的连接部件，此部件左右移动可调整转辙机主表示缺口大小，如图 2-92 所示。

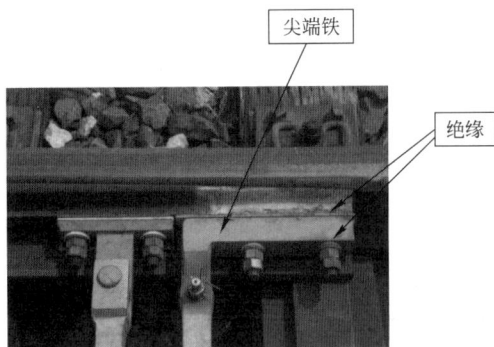

图 2-91　尖端铁

图 2-92　舌铁

④ 挡环：挡环有卡键，能卡住舌铁，调整表示口时不让其摆动，防止造成连接杆与直拉杆不垂直，造成连接杆不能直线运动，从而引起部件摩卡，如图 2-92 所示。

⑤ 螺扣接头：能够调节直拉杆长度，必要时可微调尖轨尖端密贴，如图 2-93 所示。

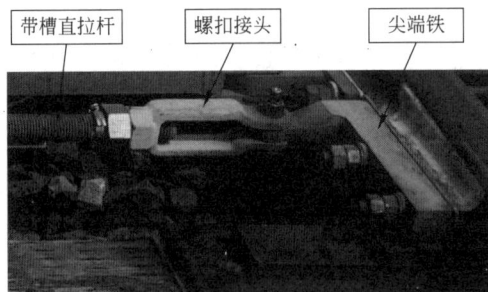

图 2-93　螺扣接头

⑥ 连接拉杆：连接尖轨杆件（尖端杆）与转辙机的表示杆，将尖轨动作情况直接反映到转辙机表示杆，如图 2-94 所示。

图 2-94 连接拉杆

四、绝缘原理

轨道电路利用钢轨线路和钢轨绝缘构成的电路来监督线路的占用情况，并通过轨道电路向列车传递行车信息。它是地铁信号的基础设备，其性能直接影响行车安全和运输效率。为了保证道岔区段轨道电路的正常运行，地铁道岔转换设备在钢轨上安装时通过各种绝缘件将安装装置与钢轨电气隔离。

目前，在角钢安装方式的转辙机安装装置中，尖端铁与尖轨的绝缘是通过在尖端铁和尖轨的安装面放置绝缘片，在尖端铁和尖轨连接螺栓孔中放置绝缘管，在螺母的垫片与尖端铁接触面间放置绝缘垫来实现。基本轨与长角钢的绝缘是通过在长角钢上下两个安装面放置绝缘板，在长角钢用于连接角型铁和长角钢的螺栓孔中放置绝缘管来实现。

（一）绝缘组成及标准

1. 绝缘组成

安装装置绝缘：由 C 型绝缘板（短）、C 型绝缘板（长）、绝缘管组成。

密贴调整杆绝缘：由绝缘板、绝缘管、绝缘垫圈（均是由线路提供）组成。

外表示杆绝缘：由绝缘板（左）、绝缘板（右）、绝缘管、绝缘垫圈组成。

2. 绝缘标准

绝缘件的正常绝缘电阻值不应小于 20 Ω；绝缘无破裂损坏情况。

（二）绝缘原理及作用

1. 绝缘原理

采用耐腐蚀、耐高温、耐碰撞的绝缘材料，按照各种杆件的安装尺寸，做成相应的管、垫、板等各种绝缘。将这些管、垫、板等各种绝缘与安装装置和各种杆件一起安装在尖轨和基本轨上。

2. 绝缘作用

使安装装置与两根基本轨实现电气隔离；使密贴调整杆、外表示杆与两根尖轨实现电气隔离；轨道电路区段，防止通过安装装置、密贴调整杆、外表示杆造成轨道电路短路；防止钢轨回流串入转辙机内部，造成元器件、配线损伤及人身伤害。安装装置绝缘，参见图 2-87。密贴调整杆、外表示杆绝缘，如图 2-95 所示。

图 2-95　密贴调整杆、外表示杆绝缘

第四节　ZD6 直流道岔转换控制设备控制电路继电器接点使用表

继电器是自动控制设备中最基本的元件之一，继电器的接点是继电器的执行机构，用来实现接通或切断电路的目的。而在实际应用中，大部分故障往往发生在接点系统，因此，自动控制设备工作的可靠性在很大程度上取决于接点系统工作的可靠性。

接点系统有一定的特点：① 当接点闭合时，接触可靠，接触电阻小而稳定；② 当接点断开时，要可靠分开，接点间电阻为无穷大，即有一定的间隙；③ 接点在闭合和断开过程中没有颤动；④ 不发生熔接；⑤ 耐各种腐蚀；⑥ 热导率和电导率要高；⑦ 使用寿命长。

单机单动（双动）道岔 ZD6 直流道岔控制电路继电器接点使用表如下。

（1）BB（BD1-7）表示变压器接点使用表，见表 2-6。

表 2-6　BB（BD1-7）表示变压器接点使用表

1			
BB		BD1-7	
72		82	
71		81	
73		83	
52		62	
51		61	
53		63	
32		42	
31		41	
33		43	
12		22	
11		21	
13		23	
3	表示电源 110 V 输出	4	表示电源 110 V 输出
1	DJF220 V 输入	2	DJZ220 V 输入

（2）1DQJ（JWJXC-H125/0.44）继电器接点使用表，见表 2-7。

表 2-7 1DQJ（JWJXC-H125/0.44）继电器接点使用表

		2		
	1DQJ			JWJXC-H125/0.44
72			82	
71	32 接通 2DQJ2-1 转极电路		81	42 接通 2DQJ3-4 转极电路
73	31 接通 2DQJ2-1 转极电路		83	41 接通 2DQJ3-4 转极电路
52			62	
51			61	
53	12 接通定位或反位启动电路		63	22 接通定位或反位启动电路
32			42	
31	11 接通定位或反位启动、定位或反位表示电路共用端		41	21 接通定位或反位启动电路
33			43	
12	13 接通定位或反位表示电路		22	21
11			21	
13	3 1DQJ 励磁线圈		23	4 1DQJ 励磁线圈
3	1 1DQJ 自闭线圈		4	2 1DQJ 自闭线圈
1			2	

（3）2DQJ（JYJXC-160/260）继电器接点使用表，见表 2-8。

表 2-8 2DQJ（JYJXC-160/260）继电器接点使用表

		3		
	2DQJ			JYJXC-160/260
72			82	
71	132 接通 DBJ 电路		81	142 接通反操时 1DQJ 励磁电路
73	131 接通 DBJ/FBJ 电路共用端		83	141 接通定反操时 1DQJ 励磁电路共用端
52	133 接通 FBJ 电路		62	143 接通定操时 1DQJ 励磁电路
51			61	
53	112 接通定位启动及 DBJ 电路共用端		63	122 接通定位启动电路
32			42	
31	111 接通定位或反位启动、定位或反位表示电路共用端		41	121 接通定位或反位启动电路共用端
33			43	
12	113 接通反位启动及 FBJ 电路共用端		22	123 接通反位启动电路
11			21	
13	3 2DQJ 吸起位转极线圈		23	4 2DQJ 吸起位转极线圈
3	1 2DQJ 打落位转极线圈		4	2 2DQJ 打落位转极线圈
1			2	

（4）DBJ（JPXC-1000）继电器接点使用表，见表2-9。

表 2-9　DBJ（JPXC-1000）继电器接点使用表

4			
DBJ		JPXC-1000	
72		82	
71		81	
73		83	
52		62	
51		61	
53		63	
32	接通应急盘道岔定位表示灯	42	
31	接通应急盘道岔定位表示灯	41	
33		43	
12	联锁 A 机采集 DBJ 吸起状态	22	联锁 B 机采集 DBJ 吸起状态
11	联锁 A 机采集 DBJ 吸起状态	21	联锁 B 机采集 DBJ 吸起状态
13		23	
3	接 DBJ 线圈 2	4	DBJ 励磁线圈
1	DBJ 励磁线圈	2	接 DBJ 线圈 3

（5）FBJ（JPXC-1000）继电器接点使用表，见表2-10。

表 2-10　FBJ（JPXC-1000）继电器接点使用表

5			
FBJ		JPXC-1000	
72		82	
71		81	
73		83	
52		62	
51		61	
53		63	
32	接通应急盘道岔反位表示灯	42	
31	接通应急盘道岔反位表示灯	41	
33		43	
12	联锁 A 机采集 FBJ 吸起状态	22	联锁 B 机采集 FBJ 吸起状态
11	联锁 A 机采集 FBJ 吸起状态	21	联锁 B 机采集 FBJ 吸起状态
13		23	
3	接 FBJ 线圈 2	4	FBJ 励磁线圈
1	FBJ 励磁线圈	2	接 FBJ 线圈 3

（6）YCJ（JPXC-1000）继电器接点使用表，见表2-11。

表 2-11　YCJ（JPXC-1000）继电器接点使用表

6				
YCJ		JPXC-1000		
72		82		
71		81		
73		83		
52		62		
51		61		
53		63		
32	接通 1DQJ 励磁电路	42		
31	接通 1DQJ 励磁电路	41		
33	应急盘输入接通 1DQJ 励磁电路	43		
12		22		
11		21		
13		23		
3	联锁 B 机驱动 YCJ 线圈	4		联锁 B 机驱动 YCJ 线圈
1	联锁 A 机驱动 YCJ 线圈	2		联锁 A 机驱动 YCJ 线圈

（7）DCJ（JPXC-1000）继电器接点使用表，见表2-12。

表 2-12　DCJ（JPXC-1000）继电器接点使用表

7				
DCJ		JPXC-1000		
72		82		
71		81		
73		83		
52		62		
51		61		
53		63		
32	接通 1DQJ 励磁电路	42		
31	接通 1DQJ 励磁电路	41		
33	应急盘输入接通 1DQJ 励磁电路	43		
12		22		
11		21		
13		23		
3	联锁 B 机驱动 DCJ 线圈	4		联锁 B 机驱动 DCJ 线圈
1	联锁 A 机驱动 DCJ 线圈	2		联锁 A 机驱动 DCJ 线圈

（8）FCJ（JPXC-1000）继电器接点使用表，见表2-13。

表2-13　FCJ（JPXC-1000）继电器接点使用表

8			
FCJ		JPXC-1000	
72		82	
71		81	
73		83	
52		62	
51		61	
53		63	
32	接通1DQJ励磁电路	42	
31	接通1DQJ励磁电路	41	
33	应急盘输入接通1DQJ励磁电路	43	
12		22	
11		21	
13		23	
3	联锁B机驱动FCJ线圈	4	联锁B机驱动FCJ线圈
1	联锁A机驱动FCJ线圈	2	联锁A机驱动FCJ线圈

（9）空位，见表2-14。

表2-14　空位

9			
空位			
72		82	
71		81	
73		83	
52		62	
51		61	
53		63	
32		42	
31		41	
33		43	
12		22	
11		21	
13		23	
3		4	
1		2	

（10）R/C电阻电容盒（也称阻容盒）接点使用表，见表2-15。

表 2-15　R/C电阻电容盒（也称阻容盒）接点使用表

10			
R/C		750 Ω/4uf-500 V	
72		82	
71		81	
73		83	
52		62	
51		61	
53		63	
32		42	
31		41	
33		43	
12		22	
11		21	
13		23	
3		4	
1		2	

（11）空位，见表2-16。

表 2-16　空位

11			
空位			
72		82	
71		81	
73		83	
52		62	
51		61	
53		63	
32		42	
31		41	
33		43	
12		22	
11		21	
13		23	
3		4	
1		2	

第五节 ZD6 直流道岔转换控制设备控制电路原理图

一、单机单动道岔 ZD6 直流道岔控制电路原理图

（1）单机单动道岔 ZD6 直流道岔转换控制电路图，如图 2-96 所示。

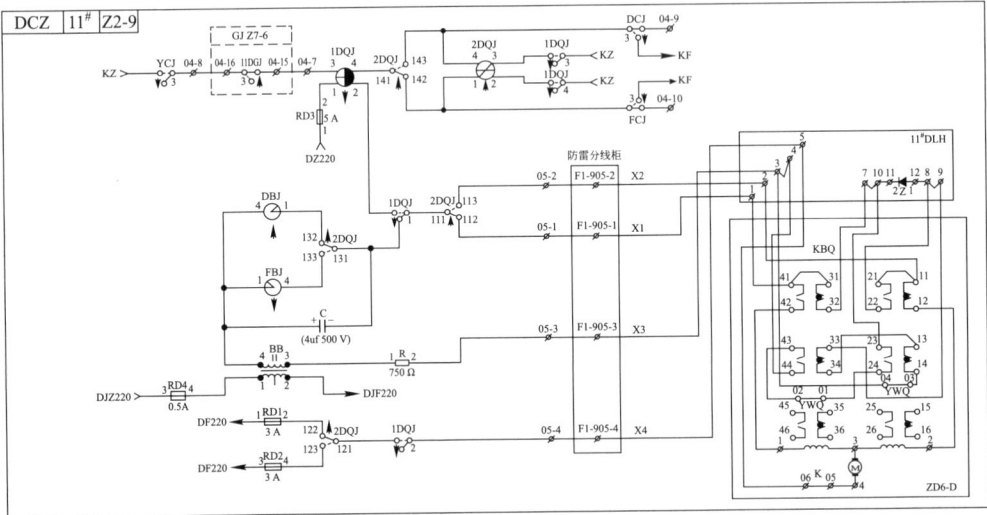

图 2-96 转换控制电路图

（2）联锁驱动电路图，如图 2-97 所示。

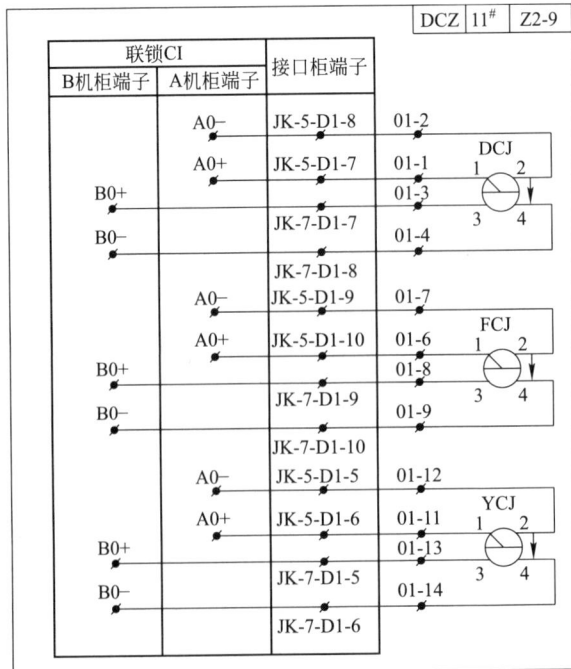

图 2-97 联锁驱动电路图

（3）联锁采集电路图，如图 2-98 所示。

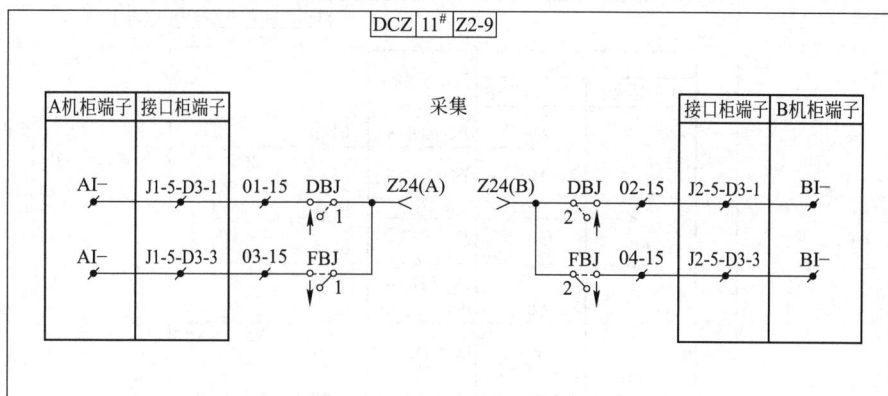

图 2-98　联锁采集电路图

二、单机双动道岔 ZD6 直流道岔控制电路原理图

（1）单机双动道岔 ZD6 直流道岔控制电路图，如图 2-99 所示。

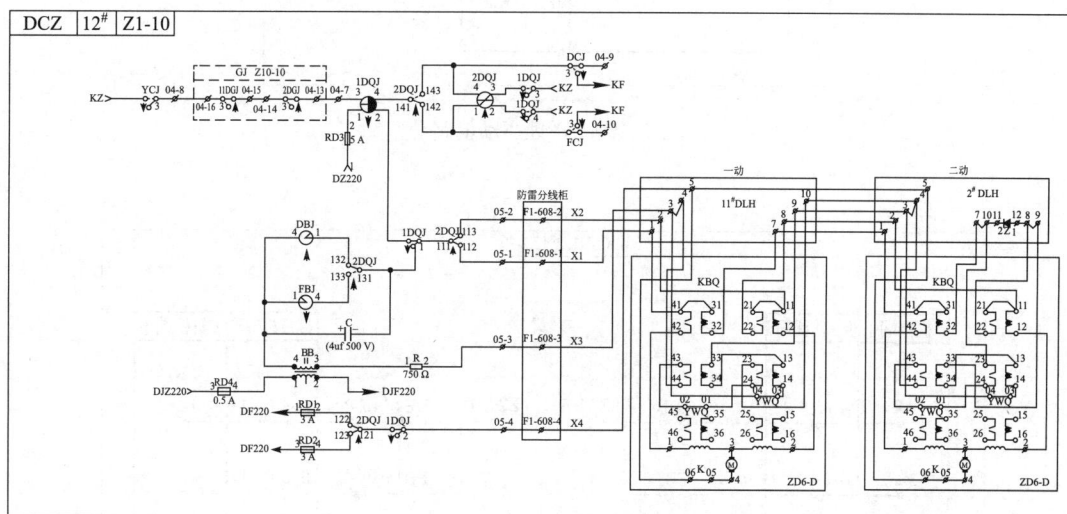

图 2-99　直流道岔控制电路图

（2）联锁驱动电路图，如图 2-100 所示。

（3）联锁采集电路图，如图 2-101 所示。

三、ZD6 直流道岔转换控制电路特殊操作——应急盘输入指令操作道岔电路原理图

（1）应急盘输入指令操作道岔转换控制电路图，如图 2-102 所示。

（2）应急盘表示电路图，如图 2-103 所示。

（3）联锁采集电路图，如图 2-104 所示。

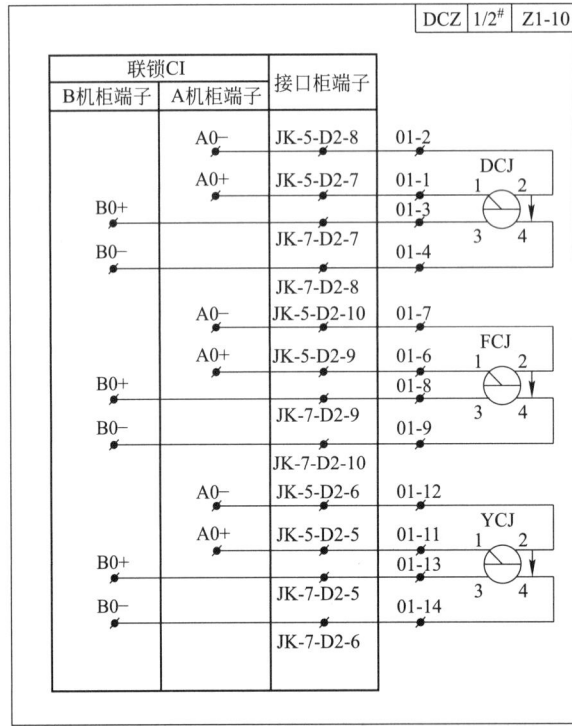

图 2-100　联锁驱动电路图

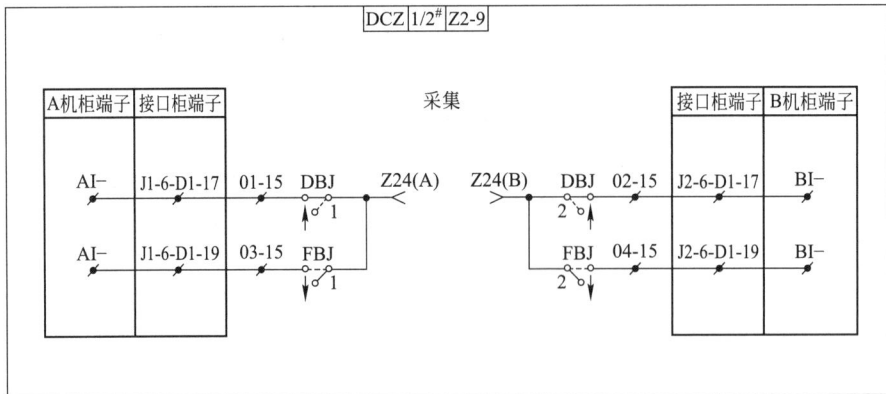

图 2-101　联锁采集电路图

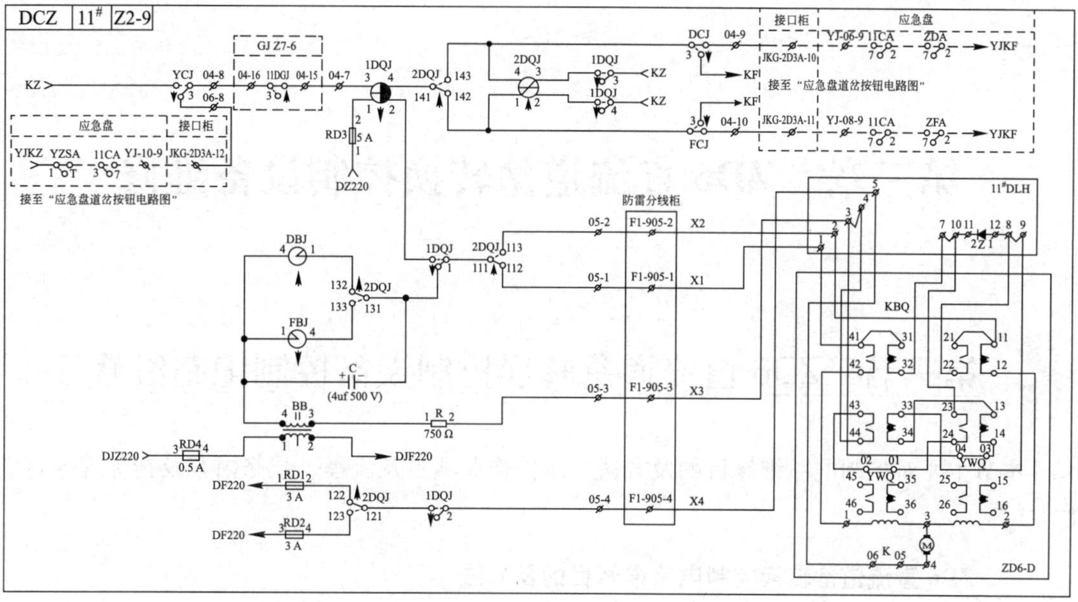

图 2-102　转换控制电路图

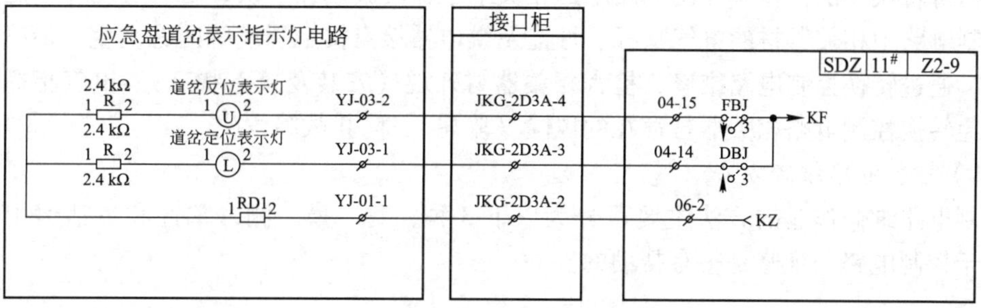

图 2-103　应急盘表示电路图

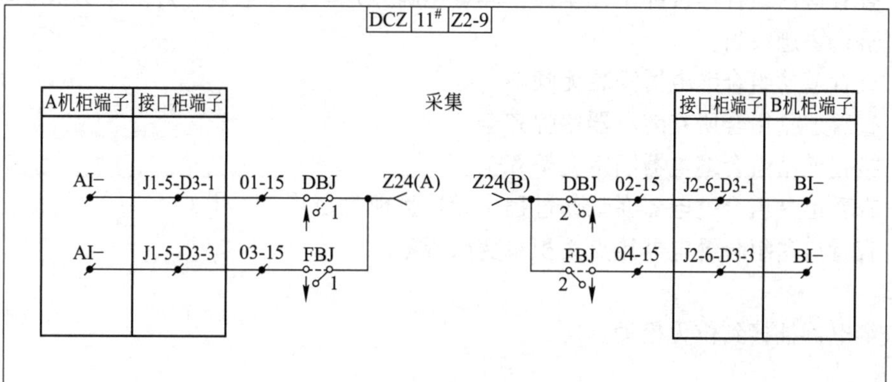

图 2-104　联锁采集电路图

第三章　ZD6 直流道岔转换控制设备维修

第一节　ZD6 直流道岔转换控制设备控制电路维修

本节主要对控制电路维修目的及方法、维修作业项目及流程、维修内容及指标等内容进行介绍。

一、ZD6 直流道岔转换控制电路维修目的及方法

（一）控制电路维修目的

道岔每转换一次，转换控制电路中的相关继电器均会动作一次，长时间动作必定会影响转换控制电路中相关器材的电气指标、性能及继电器接点接触强度等问题发生，最终形成道岔故障，通过转换控制电路维修，检查相关器材外观（安装及接点状态）、电气指标、性能等，避免转换控制电路相关器材存在的风险（隐患），防止故障发生。

（二）控制电路维修方法

控制电路维修作业的方法主要可分为以下 3 种：看、摸、测，掌握和灵活运用这些方法，对于控制电路的维修是很有帮助的。

1. 看

（1）查看道岔组合继电器及继电器座状态正常、无裂纹。

（2）查看道岔组合焊接部位无锈蚀，焊点饱满、光滑、无毛刺，焊点下方无锡堆，套管齐全无脱落，字迹清晰。

（3）查看道岔组合继电器安装无倾斜。

（4）查看道岔组合所有继电器铭牌齐全。

（5）检查道岔组合继电器固定支架齐全。

（6）查看道岔组合继电器在动作过程中无拉弧现象。

（7）查看道岔组合继电器接点无积炭变黑现象。

2. 摸

检查继电器插接到位无松动。

3. 测

（1）测试表示变压器一次侧、二次侧电压符合标准。

（2）测试 DBJ/FBJ 继电器线圈电压符合标准。

二、ZD6 直流道岔转换控制电路维修作业项目及流程

（一）控制电路（继电器组合架）维修作业项目

（1）清扫除尘。

（2）配线线缆检查。

（3）熔断器检查。

（4）熔丝报警实验。

（5）继电器（含阻容元件、变压器）安装牢固度检查。

（6）表示变压器、表示继电器电压测试。

（7）继电器轮修更换。

（8）电缆绝缘摇测。

（二）控制电路（继电器组合架）维修作业流程

（1）准备工作：工具、仪表、材料。

（2）登记：联系行车指挥（调度）人员，申请维修时间并得到维修许可，并按规定进行施工登记。

（3）交底：施工前作业内容及注意事项安全交底。

（4）进入机房登记：在机房登记簿和信号设备维修登记簿内登记。

（5）施工作业：按照施工内容进行施工作业。

（6）维修试验：扳动试验，道岔位置核对。

（7）出清：工作完毕，收拾现场，出清。

（8）销记。

三、ZD6 直流道岔控制电路维修内容及指标

（一）控制电路设备组成

控制电路由组合架、分线柜、道岔组合组成。

道岔组合安装在组合架上，正面如图 3-1 所示，背面如图 3-2 所示。道岔组合包含继电器、阻容盒、熔断器、变压器、配线端子等设备。

图 3-1　组合架正面　　　　图 3-2　组合架背面

（二）控制电路（继电器组合架）维修内容及指标

1. 清扫检查

逐一清扫继电器、熔断器、变压器、阻容盒及配线；保持干净、整洁、无积尘。

2. 配线检查

（1）引入线及配线，不破皮、不老化。

（2）引入、引出口处要堵塞良好，保持完整清洁，预防动物寄生。

（3）焊接配线检查：焊点无虚焊、假焊情况，焊点饱满无毛刺。

（4）线环配线检查：螺母垫片齐全紧固，无炸环、无断股，每个线环间、线环与螺母间均要用垫片隔离，固定螺母需双母。

（5）一个端子柱上，允许最多上3个线头并用垫圈隔开。

（6）端子与插针不歪斜，插针、插座吻合良好、不松动，配线无断股，线头与插针不松动。

（7）线缆的标识检查：标识齐全，无缺失，字体清晰。

（8）线缆无破皮等混电风险存在。

3. 熔断器检查

（1）安装牢固度检查：固定良好，防护罩动作灵活，底座及防护罩无裂痕。

（2）标识检查：标识齐全，无缺失，字体清晰，交、直流熔断器应用明显颜色区别。

（3）容量符合设计要求，熔断器容量应为最大负荷电流的1.5~2倍。

4. 熔丝报警实验

当做熔断器报警试验时，熔断器动作灵活无卡滞，熔断器可靠断开后，本身报警、组合架（排架）报警器报警位置提示且正确，操作台显示熔丝报警等相关报警信息正确。

5. 继电器（含阻盒）

（1）安装牢固度检查：组合上的继电器与插座插接密贴，挂钩作用良好，手扶继电器无晃动情况。底座、继电器罩无裂痕。

（2）接点检查：查看继电器接点光滑，无杂质、无大量电流灼烧积炭。

（3）有效期限检查：不超期，上线使用时间（含备件）在继电器使用有效期范围内。

（4）标识检查：继电器名称与铭牌名称一致，铭牌齐全无缺失，字迹清晰。

（5）阻容盒检查：电阻无过热现象。

（6）表示继电器线圈电压数值测试并做好记录。

6. 表示变压器检查、电压测试

（1）安装牢固度检查：变压器与插座插接密贴，挂钩作用良好，手扶变压器无晃动情况。底座、防护罩无裂痕。

（2）标识检查：变压器名称与铭牌名称一致，铭牌齐全无缺失，字迹清晰。

（3）变压器无过热现象，表示变压器变比为2∶1，即：一次侧电压交流220 V，二次侧电压交流110 V，测试数值要做记录。

7. 继电器轮换修

（1）不同型号继电器轮换周期不同。按照已经定制好的维修周期进行轮换修。

（2）在更换继电器时反复核对换上、换下的继电器型号，并做好更换记录。

（3）在更换继电器时不能碰歪相邻继电器，更换完毕确认插接牢固度，继电器铭牌不得遗失。

（4）全部更换完毕后做好道岔扳动实验，确认器材性能及工作状态正常。

8. 电缆对地绝缘、线间绝缘摇测

（1）检查500 V兆欧表外观正常，摇动旋转正常；表线绝缘良好无破皮。

（2）校表：确认仪表性能正常，接地端子是否正常且正确。

（3）在摇测电缆对地或线间绝缘前，确认测试端子是否有相关监测设备接入，如果有，必须确认此设备或元器件是否能够承受500 V冲击，如不能将线缆甩开，防止电压击穿造成短路或造成元器件损坏。

（4）在摇测线间绝缘时，室外电动机线圈将启动线短路，所以在摇测线间绝缘时，将室外电动机配线甩开。

（5）绝缘测试值符合绝缘技术指标要求，带电设备绝缘电阻值不低于5 MΩ，摇测数值要做记录。

第二节　ZD6直流道岔转换控制设备直流转辙机维修

我国目前应用的电动转辙机主要为ZD6电动转辙机，这一电动转辙机在我国的地铁线路上得到了广泛的应用，同时对我国的地铁事业发展也起到了一定的影响作用。

本节对ZD6转辙机的维修目的及方法、维修作业项目及流程、维修内容及指标等内容进行介绍。

一、ZD6直流转辙机维修目的及方法

（一）ZD6直流转辙机维修目的

转辙机在工作中由于外部负荷、内部应力、磨损、腐蚀和自然环境等因素的影响，会造成转辙机零部件的尺寸、形状、机械性能等发生改变，使转辙机的可用性和性能降低，最终形成道岔故障。

维修目的就是要保证设备安全正常运行，延长转辙机的使用寿命，检查、整改转辙机存在的风险（隐患），防止故障发生。

（二）ZD6直流转辙机维修方法

电动转辙机维修作业的方法主要可分为以下6种：看、听、紧、测、调、注。

（1）看：查看器件是否出现金属裂纹、是否锈蚀，转辙机内部是否有异物，造成转辙机动作部位卡阻；查看设备基础或硬面化是否倾斜塌陷等。

（2）听：听转辙机转换过程中的声音，有无异响。

（3）紧：保证转辙机内部器件及配线的安装固定强度，防止机械特性变化和配线虚接现象。

（4）测：测试各项指标、参数是否符合技术要求，确保转辙机状态良好。

（5）调：将不标准的指标、参数调至标准范围。

（6）注：各部活动部位注油，确保动作灵活。

二、ZD6 直流转辙机维修作业项目及流程

（一）ZD6 直流转辙机维修作业项目

（1）转辙机机体（底壳和机盖）检查。

（2）手动安全接点检查。

（3）电动机检查。

（4）减速器检查。

（5）摩擦联结器检查。

（6）转换锁闭装置。

（7）自动开闭器检查。

（8）表示杆检查。

（9）移位接触器检查。

（10）电缆盒检查。

（11）通电试验测试电气指标。

（二）ZD6 直流转辙机维修作业流程

（1）准备工作：准备工具、仪表、材料。

（2）登记：联系行车指挥（调度）人员，申请维修时间并得到许可；在施工维修登记簿登记。

（3）交底：施工前作业内容及注意事项安全交底。

（4）施工作业：按照施工内容（维修项目）进行施工作业。

（5）维修试验：扳动试验，道岔位置核对。

（6）出清：工作完毕，收拾现场，点清工具出清。

（7）销记。

三、ZD6 直流转辙机维修内容及指标

（一）转辙机机体（底壳和机盖）

1. 检查

（1）底壳检查：底壳外观检查有无裂纹，转辙机固定螺丝紧固无松动，转辙机应固定牢固在短角钢上，检查动作杆防护罩、表示杆防护罩、电机防护罩等安装牢固，各部金属表面无锈蚀。

（2）机盖检查：机盖外观检查有无裂纹，开启灵活，关闭时锁闭良好，检查机盖防尘条（盘根）与机壳接触是否良好、是否破损、压痕是否均匀，如有不良应立即处理。

（3）防水检查：转辙机是否出现进水情况，底部是否有积水，如有应立即处理，可拧下底部的排水螺栓，排掉机内积水。

2. 清扫

（1）转辙机机体及转辙机底壳、机盖清扫除尘及油垢。

（2）做到整洁无杂物并保持机内干燥。

3. 注油

（1）动作杆方孔套、表示杆方孔套处注油，既能充分保证动作部分灵活，也能起到防水作用。

（2）转辙机固定螺丝、机盖螺丝如有锈蚀，少量涂抹机油。

（3）信号锁少量注油。

（4）定期进行油饰。

（二）手动安全接点

1. 检查

（1）检查动接点、静接点安装是否牢固。胶木座有无裂纹，支架金属表面无锈蚀。

（2）检查配线无炸环、无断股、无破皮，配线端子安装紧固无松动，线缆标识齐全、字迹清晰。

（3）动接点、静接点应接触良好，两个静接点片应同时均匀受力，动接点柱、静接点片应无划痕、无氧化层。

（4）在开盖或插入手摇把时手动安全动接点、静接点可靠断开，切断转辙机启动电路，非经人工恢复不得接通启动电路。

（5）动接点动作灵活无卡阻，在未将带帽拨扣提起时，直接逆时针扳动堵孔板不得将手动安全动接点、静接点闭合。

（6）手动安全接点闭合好后，堵孔板应完全遮挡钥匙孔及摇把孔，密封良好无缝隙，能防水、防尘；动接点在静接点片内的接触深度不小于 4 mm，用手扳动动接点，其摆动量不大于 3.5 mm。

2. 清扫

手动安全接点各部件表面、配线表面清扫除尘，保持清洁。擦拭动接点柱、静接点片，使无氧化层。

3. 注油

堵孔板与动接点座连接轴少量注油。

（三）电动机

1. 检查

（1）检查电动机安装牢固，螺栓无松动；电动机换向器检查口防护盖安装稳固，开启自如；炭刷防护盖拧紧不松动。

（2）检查电动机引出线配线无炸环、无断股、无破皮，配线端子安装紧固无松动，线缆标识齐全、字迹清晰。

（3）当使用手摇把摇动时电动机无卡阻、无异声。

（4）定子、转子检查：当用摇把正反摇动时，转子、定子不摩卡；换向片间绝缘不高出换向器弧面，绝缘槽无烧痕，槽内无炭粉。换向器表面光滑、干净，应无氧化层、无炭粉。

（5）炭刷检查：炭刷在握盒内上下不卡阻，弹簧压力适当，炭刷磨耗后的长度不小于 9 mm（全长 15 mm×3/5）。炭刷与换向器接触面积不少于炭刷面积的 3/4。炭刷在刷握盒内移动灵活无卡阻。

（6）绝缘电阻检查：定子、转子间绝缘电阻不得小于 1 MΩ（不甩线，直接在连接端子上用 500 V 兆欧表测量）。

测试方法及位置：使用 500 V 兆欧表进行摇测，表线一端分别接至电动机配线端子 1 或 2 上，表线另一端接至电动机配线端子 4 上，一人以 120 r/min 的速度转动摇表，一人用摇把摇动道岔，带动换向器转动，这样可以测试出定子线圈至转子（换向片）所有线圈间的绝缘电阻。

2. 清扫

（1）电动机表面、配线端子及配线表面清扫除尘，保持清洁。

（2）擦拭换向器表面氧化层、炭粉。

擦拭方法及步骤：断开手动安全接点，打开电动机检查孔防护盖，手指将麂皮按压在换向器表面，用摇把缓慢摇动道岔，带动换向器旋转，在擦拭过程中，手指带动麂皮左右摆动，这样既能覆盖换向器表面全部位置，也能将换向片间槽内炭粉擦拭干净。在擦拭过程中还要变换麂皮与换向器接触位置，直至麂皮无黑色炭粉物，擦拭完毕。

（四）减速器

1. 检查

（1）外观检查无裂纹，安装牢固，紧固螺栓无松动，减速器表面无锈蚀。

（2）转动检查，当使用手摇把正向、反向摇动时，减速器转动灵活、平稳、无摩卡、无异声。

2. 清扫

减速器表面清扫除尘，保持清洁。

3. 注油

减速器上指定注油孔注润滑油。

（五）摩擦联结器

1. 检查

（1）检查摩擦带夹板安装牢固无松动，表面无锈蚀。

（2）摩擦带与内齿轮伸出部分应保持清洁，无锈蚀。

（3）摩擦带与内齿轮之间不得有污垢和油垢（应定期检查并清理内齿轮与摩擦带间的摩擦表面，将附着在摩擦表面上的粉末、油泥等清理干净。当摩擦带磨损严重时应立即更换，否则将影响摩擦电流的稳定性）。

（4）弹簧检查：摩擦联结器弹簧无卡阻，有弹力；弹簧不得与夹板部分触碰，弹簧各圈之间间隙不小于 1.5 mm。

（5）摩擦力调整适当，手摇转换道岔时内齿轮不得在摩擦联结器内部空转。

2. 清扫

减速器表面清扫除尘。摩擦带与内齿轮伸出部分清洁，无污垢和油垢。

（六）转换锁闭装置

1. 检查

（1）检查锁闭齿轮、齿条块上的润滑脂无铁屑、杂物，金属表面无锈蚀。

（2）当用手摇把正向、反向摇动时，检查锁闭齿轮与齿条块不卡阻；接触均匀。

（3）当用手摇把正向、反向摇动时，检查锁闭齿轮圆弧与齿条块的销尖齿圆弧应吻合，无明显磨耗，接触面不小于 50%。

（4）检查止挡桩和止挡栓无损伤和裂纹。

（5）检查动作杆表面无锈蚀，无损伤。

（6）动作杆与齿条块的轴向位移量和圆周方向的转动量均不大于 0.5 mm。

（7）挤切销检查：首先将转辙机手摇至解锁状态，在动作杆不受外力的情况下，用大螺丝刀将齿条块上的螺堵拧下，使用卸销器取出挤切销，检查有无过度磨损，如有损坏应更换新的挤切销，检查或更换新挤切销装入齿条块，然后依次安装弹簧垫圈、螺堵并拧紧，螺堵上表面应低于齿条块表面。

每台转辙机有两个挤切销，主挤切销和副挤切销判断方法如下。

判断主销方法一：不论是左安装还是右安装的转辙机，均以动作杆伸出位置露出的挤切销为主销。

判断主销方法二：不论是左安装还是右安装的转辙机，距钢轨最近的挤切销为主销。

（8）顶杆检查：将挤切销主销拆下，当用手摇把正向、反向摇动时，查看顶杆能够正常顶起，动作灵活、无摩卡。

2. 更换挤切销

按照更换周期，定期应对每台转辙机的主销更换（并应在挤切销表面打上年月钢号，更换时必须在新挤切销上涂上锂基脂），同时检查副销。

3. 清扫

锁闭齿轮、齿条块、动作杆表面清扫除尘、去油垢，保持清洁。

4. 注油

锁闭齿轮、齿条块清扫完毕，涂抹少量锂基脂，顶杆位置少量注机油；动作杆涂抹少量机油。

（七）自动开闭器

1. 检查

（1）自动开闭器固定螺栓安装牢固无松动，自动开闭器金属表面无锈蚀，无裂纹。

（2）动接点、静接点座安装牢固，接点座完整，无裂纹，静接点片须长短一致，左右接点片对称，接点片不弯曲，不扭斜，辅助片（补强片）作用良好。

（3）动接点在静接点片内的接触深度不小于 4 mm，用手扳动动接点，其摆动量不大于 3.5 mm；动接点与静接点座间隙不小于 3 mm；接点接触压力不小于 4 N；动接点组打入静接点组内，两静接点片受力要均匀，动接点环不低于静接点片，同时静接点片下边不应与动接点绝缘体接触；当转辙机即将转换到位，滚轮已经脱离启动片支撑时，速动爪依靠速动片支撑，在落下前，动接点在静接点内有窜动时，应保证接点接触深度不少于 2 mm。

（4）静接点片与动接点柱均无严重磨损，接触表面无氧化层。

（5）速动爪与速动片间应保持一定间隙，解锁时不小于 0.2 mm，锁闭时为 1~3 mm。

（6）速动爪的滚轮在传动中应在速动片上滚动，落下后不得与启动片缺口底部相碰，距启动片缺口底部不小于 0.5 mm。

（7）速动片的轴向窜动，应保证速动爪滚轮与滑面的接触不少于 2 mm。

（8）拉簧安装于两个速动爪上，作用良好，在动作杆和表示杆正常定反位转换时，动接点组在静接点组内迅速转接，并带动检查柱上升和下落。拧动速动爪背上的螺钉，可以调整动接点组打入静接点组的接触深度，拆下两个插销，即可更换速动爪拉簧。

（9）检查柱上升和下落时动作灵活，无摩卡。

（10）检查自动开闭器静接点配线整齐，线缆标识齐全、字迹清晰，线环无炸环、无断股、无破皮，配线端子安装紧固，螺母、垫片齐全无松动。

2. 更换动接点、静接点

动接点、静接点磨损严重，为确保其正常工作应及时更换，更换过程中有以下注意事项。

（1）静接点在更换前检查静接点片长短一致，左右接点片对称，无损伤、不弯曲、不扭斜，辅助片（补强片）作用良好；对接线柱底部螺母进行紧固；检查接点座完整、无裂纹。

（2）动接点在更换前检查接点环动作灵活，无损伤；检查接点座完整、无裂纹。

（3）更换前对动、静接点进行擦拭，防止氧化层对启动表示电路造成影响。

（4）更换前对静接点上安装配线标识进行检查，如遇到标识不清晰的配线做好标注，防止配线安装错误。

（5）更换时最好将启动和表示熔断器断开。

（6）更换时注意不要掉落螺母垫片。

（7）拆下动、静接点后要对底座进行清扫，底座金属粉尘容易堆积，易造成击穿短路。

（8）更换完毕后，检查及调整。

① 检查螺母垫片齐全无缺失。

② 检查动接点 3 个接点柱与静接点 6 个接点片是否同时接触，不同时接触需调整安装固定角度。

③ 检查动接点柱与静接点片是否同心，即动接点柱进入静接点片时，静接点片受力一致，张开角度尽量一致，防止单片受力。

④ 调整完毕后对动、静接点的打入深度，位置、摆动量等进行统一检查、调整。

3. 清扫

清扫自动开闭器、配线、动接点座、静接点座、速动爪、启动片、速动片、拉簧；其表面保持清洁无灰尘（含金属粉末）、油垢。动接点柱、静接点片擦拭无氧化层。

4. 注油

检查柱、滚轮、速动片、拐轴部位少量注油。

（八）表示杆

1. 检查

（1）主表示杆、副表示杆：连接铁金属表面无锈蚀，无损伤、无裂纹。

（2）主表示杆、副表示杆：连接良好，横穿螺栓不松动，连接铁固定良好，后防护罩紧固。

（3）检查柱落入表示杆表示缺口内，检查柱两侧间隙为(1.5±0.5)mm。

2. 调整

（1）定位、反位表示缺口的调整顺序为：先调伸出、后调拉入。

（2）将转辙机转换至伸出位置，通过道岔安装装置尖端杆上的螺母调整表示缺口，此位置为主表示缺口，调整并确认达到标准。

（3）将转辙机转换至拉入位置，通过表示杆上的调整杆调整拉入位的表示缺口，调整并确认达到标准。

3. 清扫

清扫表示杆、连接铁表面的积尘、油垢，保持清洁。

4. 注油

表示杆表面涂抹少量机油，检查块处少量注油。

（九）移位接触器

1. 检查

（1）移位接触器安装牢固，固定螺栓无松动，胶木无裂纹，金属表面无锈蚀，移位接触器防护罩清晰、无裂纹、无有机物反应发白现象。

（2）检查移位接触器配线整齐，线缆标识齐全、字迹清晰，线环无炸环、无断股、无破皮，配线端子安装紧固，螺母、垫片齐全无松动。

（3）移位接触器触头动作应灵活，实验抬起触头，内部接点应可靠断开，并切断表示电路。移位接触器是非自复型常闭接点，一旦受外力接点断开，外力消失接点也不能自动恢复接通位置。

（4）复位按钮应动作灵活、正常，按下后，应能将（实验时）已断开的移位接触器内部接点接通，同时接通道岔表示电路。真正挤岔时按压复位按钮，接点不能恢复接通位置，因为挤岔时动作杆顶杆将移位接触器触头顶起，并在触头下面支撑，所以，按压复位按钮不能使接点恢复接通位置。

（5）检查移位接触器的触头与顶杆的间隙应符合标准，日常维修或更换移位接触器时均应按照流程实验检查，移位接触器有两个，分别与齿条块在伸出及拉入时的顶杆位置相对应，分别监测道岔处于定位和反位时挤切销状态。移位接触器是一个非自复式微动开关，内有一组常闭接点，分别串联在道岔定位和反位表示电路中。接触器露出的触头与顶杆之间距离为 1.5 mm，由于触头断电行程为（0.7±0.1）mm，在顶杆上加一厚度为 1.5 mm 的垫片，手摇转辙机使顶杆位于移位接触器触头下方，此时常闭接点必须仍处于闭合状态，不应断开；将 1.5 mm 的垫片换为 2.5 mm 的垫片，再次手摇转辙机使顶杆位于移位接触器触头下方，此时常闭接点应可靠断开；调整时松开移位接触器固定螺栓，调整好后必须将固定螺栓拧紧后再次实验。此项工作必须实验彻底、准确，因为直接关系到行车安全。

2. 清扫

移位接触器、底座及配线表面除尘、保持清洁。

（十）配线端子

1. 检查

（1）检查配线端子安装牢固，固定螺丝无松动；底座金属表面无锈蚀。

（2）配线整齐，线缆标识齐全、字迹清晰，无炸环、无断股、无磨损破皮，配线安装紧固无松动、无积尘。

2. 清扫

配线端子、底座及配线表面除尘、保持清洁。

（十一）电缆盒

1. 检查

（1）检查电缆盒外观完整，不倾斜，周边无塌陷；外壳无裂纹。

（2）检查电缆盒内部接线端子安装牢固，无松动，内部无杂物，灌胶密封良好，电缆盒盖盘根良好，密封效果良好。

（3）配线整齐，线缆标识齐全、字迹清晰，无断股、无破皮，配线端子安装紧固无松动，引线孔线缆防护正常。

（4）Z（二极管）安装牢固，防止整流元件摆动造成配线受损或折断，外观正常无裂纹、无积尘，电阻无过热现象，如图 3-3 所示。

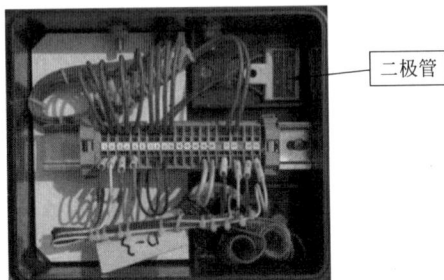

图 3-3　二极管安装图

（5）ZD6 直流转辙机表示电路中 Z（二极管）应采用反向电压不小于 500 V、正向电流不小于 300 mA 冗余措施的整流元件。

2. 清扫

箱盒整体、底部及配线清扫除尘，保持清洁。

3. 注油

电缆盒固定螺栓如果生锈可少量涂抹机油。

4. 定期进行油饰

（十二）转辙机电动转换时各部件检查及电气指标测试

1. 电气指标测试

（1）电动机：电动机转速正常，无异声，工作时炭刷周围无过大火花。工作电压测试，电压值在 160 V 以上。

测试方法及位置：使用多用表直流 250 V 电压档，两表笔分别测试电动机接线端子 1 或 2（正极）与 4（负极）之间电压，转辙机定反位转换方向不同，正表笔测试 1 或 2 位置不同，切勿将两表笔接反，防止表针反转将表针打坏。

（2）工作电流和摩擦（故障）电流测试：当工作电流在 2 A 以下，道岔工况条件好的情况下，工作电流一般在 0.9~1.2 A。摩擦（故障）电流值调整在 2.3~2.9 A，并且定反位摩擦电流值相差不应大于 0.3 A。

① 测试方法及位置：将手动安全接点断开，使用多用表直流 5 A 电流档，两表笔分别接在手动安全接点 05-06 静接点位置，05 为正极，06 为负极，切勿将两表笔接反，防止表针反转将表针打坏。

② 摩擦电流调整方法：调整摩擦带两侧弹簧的固定螺母，当拧紧螺母时摩擦电流上升，当拧松螺母时摩擦电流下降，定反位摩擦电流值及偏差值超限，均通过两侧螺母进行调整。

2. 电扳各部件检查

（1）减速器、摩擦联结器扳动过程中无异声。

（2）齿轮：各轴架在传动中不摆动，齿轮咬合良好，无过大噪声，无异状，止挡桩不活动。

（3）接点组检查，动接点组摆动灵活正常，动、静接点接触深度标准，转辙机转换到位，动接点组无反打现象。

（4）表示缺口检查，检查块与表示杆缺口间隙符合标准，两边间隙均匀。

第三节　ZD6 直流道岔转换控制设备安装装置、各种杆件及绝缘维修

道岔转换控制设备中的安装装置、各种杆件及绝缘是将线路基本轨和道岔尖轨与转辙机固定并连接在一起，完成转辙机指令的基础器件，将道岔真实位置和尖轨密贴状态传递给转辙机，最终用表示电路反映出来。

一、ZD6 直流道岔安装装置、各种杆件及绝缘维修目的、方法

（一）ZD6 直流道岔安装装置、各种杆件及绝缘维修目的

由于现场外部负荷、磨损、撞击、腐蚀和自然环境等因素的影响，会造成安装装置、各种杆件及绝缘的机械性能下降、螺丝紧固强度下降、绝缘磨损损伤等问题发生，使道岔转换和道岔位置监测性能降低，最终形成道岔故障。

维修是保证安装装置、各种杆件及绝缘可靠运行的手段，检查各部杆件、配件及绝缘的性能及相关指标合格，避免杆件及绝缘存在风险（隐患），防止故障发生。

（二）ZD6 直流道岔安装装置、各种杆件及绝缘维修方法

电动转辙机维修作业的方法主要可分为以下 6 种：看、听、紧、测、调、注。

1. 看

（1）查看各种杆件是否出现金属裂纹、是否锈蚀。

（2）查看杆件与杆件间、杆件与基础间间隙是否正常。

（3）查看各部杆件及安装装置安装是否方正。

（4）查看各部绝缘外观是否完整、无破损。

（5）查看尖轨转换过程中动作是否顺畅，无停顿、无摩卡。

（6）查看滑床板是否有吊板、上翘等问题。

（7）查看各部位销轴旷量符合标准，无超标。

（8）查看尖轨密贴是否符合标准。

（9）查看尖轨在锁闭、解锁时是否存在反弹。

2. 听

听道岔尖轨转换过程中的声音，有无异响。

3. 紧

保证各种杆件及安装装置的安装固定强度，防止机械特性变化形成故障。

4. 测

测试各项指标、参数是否符合技术要求，确保转换部位状态良好。

5. 调

将不标准的指标、参数调至标准范围。

6. 注

各部活动部位、锈蚀部位注油，确保动作灵活。

二、ZD6 直流道岔安装装置、各种杆件及绝缘维修作业项目及流程

（一）ZD6 直流道岔安装装置、各种杆件及绝缘维修作业项目

（1）安装装置检查。

（2）密贴调整杆检查。

（3）外表示杆检查。

（4）绝缘检查。

（5）通电试验指标测试。

（二）ZD6 直流道岔安装装置、各种杆件及绝缘维修作业流程

（1）准备工作：准备工具、仪表、材料。

（2）登记：联系行车指挥（调度）人员，申请维修时间并得到许可；在施工维修登记簿登记。

（3）交底：施工前作业内容及注意事项安全交底。

（4）施工作业：按照施工内容（维修项目）进行施工作业。

（5）维修试验：扳动试验、维修试验。

（6）出清：工作完毕，收拾现场，出清。

（7）销记。

三、ZD6 直流道岔安装装置、各种杆件及绝缘维修内容与指标

1. 安装装置

1）检查

（1）检查安装装置长角钢、短角钢、角型铁无裂纹、无锈蚀，如图 3-4 所示。

（2）检查安装装置长角钢、短角钢、角型铁固定螺丝无松动，清洁，无油污、无锈蚀、无裂纹，螺丝检查方法如下。

① 直接使用扳子紧固。

② 用手锤轻敲螺母，响声清脆表示紧固良好且无裂纹；若响声发闷，有"扑扑"的声音则证明螺丝松动或螺母有裂纹。

（3）检查螺母、垫片、弹簧垫片完整、齐全，无损伤、无锈蚀。

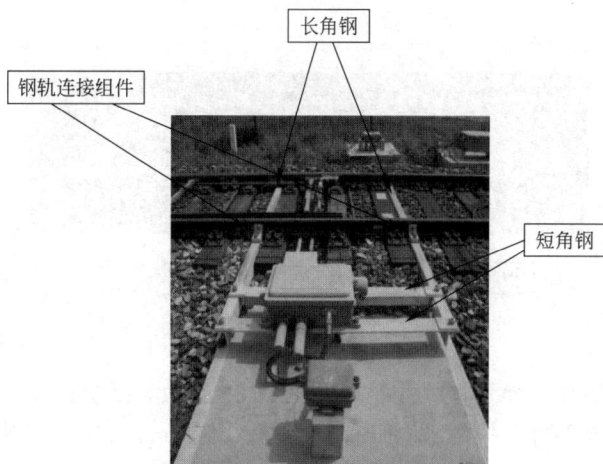

图 3-4　安装装置检查

（4）开口销劈开角度应在 60°~90°，两侧劈开角度均匀。

（5）检查绝缘外观完整、齐全、无损伤，如图 3-5 所示。

图 3-5　绝缘外观检查

（6）定期对绝缘进行分解检查，检查内部是否存在绝缘磨破等情况（绝缘件的正常绝缘电阻不应小于 20 Ω）。

2）清扫

（1）清扫安装装置长角钢、短角钢、角型铁表面，清扫、除尘及油垢。

（2）清扫安装装置长角钢、短角钢、角型铁各部固定螺栓，清扫、除尘及油垢。

（3）清扫绝缘周边铁屑、粉尘。

3）注油

长角钢、短角钢、角型铁表面及固定螺丝如有锈蚀，少量涂抹机油。

2. 密贴调整杆

1）检查

（1）检查挡环、立式杆架、带槽弯拉杆无裂纹、无锈蚀，如图 3-6 所示。

（2）检查挡环、立式杆架、带槽弯拉杆固定螺丝无松动，清洁，无油污、无锈蚀、无裂纹。

（3）检查挡环卡键完整、无破损、无脱落。

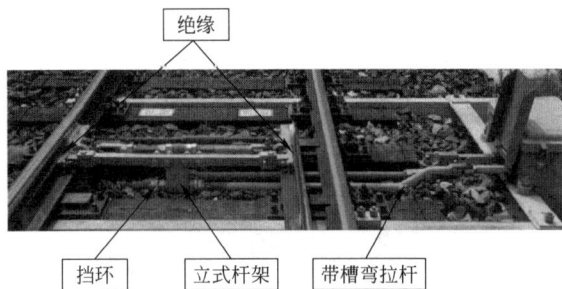

图 3-6　密贴调整杆检查

（4）检查螺母、垫片、弹簧垫片完整、齐全、无损伤、无锈蚀。

（5）密贴调整杆水平方向的两端高低偏差不应大于 5 mm（以两基本轨工作面为基准）。

（6）密贴调整杆应与单开道岔直股基本轨或直股延长线相垂直，密贴调整杆的两端与基本轨垂直偏差不应大于 20 mm。

（7）密贴调整杆螺纹部分的调整余量不应小于 10 mm。

（8）当密贴调整杆动作时，其空动距离（游间）应在 5 mm 以上。

（9）密贴调整杆穿越轨底，其距轨底的净距离应大于 10 mm。

（10）销孔旷量应不大于 1 mm。

（11）开口销劈开角度应在 60°～90°，两侧劈开角度均匀。

（12）检查绝缘外观完整、齐全、无损伤（注油不要遗忘第二方钢和第三方钢处绝缘），如图 3-7 所示。

图 3-7　绝缘外观检查

（13）定期对绝缘进行分解检查，检查内部是否存在绝缘磨破等情况。

2）清扫

（1）挡环、立式杆架、带槽弯拉杆表面清扫、除尘及油垢。

（2）挡环、立式杆架、带槽弯拉杆各部固定螺栓清扫、除尘及油垢。

（3）清除绝缘周边铁屑、粉尘。

3）注油

挡环、立式杆架、带槽弯拉杆表面及固定螺丝如有锈蚀，少量涂抹机油。

3．外表示杆

1）检查

（1）检查尖端铁、带槽直拉杆、舌铁、挡环、螺扣接头、连接拉杆、螺栓销无裂纹、无锈蚀，如图 3-8 所示。

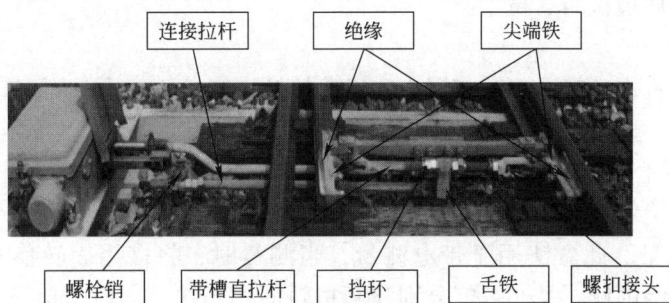

图 3-8 外表示杆检查

（2）检查带槽直拉杆、舌铁、挡环、螺扣接头、连接拉杆、螺栓销固定螺丝无松动，清洁，无油污、无锈蚀、无裂纹。

（3）检查挡环卡键完整、无破损、无脱落。

（4）检查螺母、垫片、弹簧垫片完整、齐全，无损伤、无锈蚀。

（5）外表示杆水平方向的两端高低偏差不应大于 5 mm（以两基本轨工作面为基准）。

（6）外表示杆应与单开道岔直股基本轨或直股延长线相垂直，密贴调整杆的两端与基本轨垂直偏差不应大于 20 mm。

（7）外表示杆螺纹部分的调整余量不应小于 10 mm。

（8）密贴调整杆穿越轨底，其距轨底的净距离应大于 10 mm。

（9）销孔旷量应不大于 0.5 mm。

（10）开口销劈开角度应在 60°~90°，两侧劈开角度均匀。

（11）检查绝缘外观完整、齐全，无损伤，如图 3-9 所示。

图 3-9 绝缘外观检查

（12）定期对绝缘进行分解检查，检查内部是否存在绝缘磨破等情况。

2）清扫

（1）清扫带槽直拉杆、舌铁、挡环、螺扣接头、连接拉杆、螺栓销表面，清扫、除尘及油垢。

（2）清扫带槽直拉杆、舌铁、挡环、螺扣接头、连接拉杆、螺栓销各部固定螺栓，清扫、除尘及油垢。

（3）清扫绝缘周边铁屑、粉尘。

3）注油

带槽直拉杆、舌铁、挡环、螺扣接头、连接拉杆、螺栓销表面及固定螺丝如有锈蚀，少量涂抹机油。

4. 绝缘检查（含安装装置绝缘、动作杆绝缘、表示杆绝缘）

用多用表测量绝缘好坏的方法如下。

（1）电压法测量。此方法用于带电测量，当测量时，将多用表转换开关置于 AC10 V 档，一表笔接触绝缘内侧，另一表笔分别与两根轨面相连接，此时无电压，说明绝缘良好。如果某一轨面有电压，另一轨面无电压，说明无电压侧的绝缘破损。

（2）电阻法测量。此方法用于不带电时测量，当测量时，将多用表转换开关置于电阻 R×10 档，一表笔接触绝缘内侧，另一表笔接触轨面，此时多用表读数即为该端绝缘电阻值。当电阻值为零时，说明该绝缘已破损。

5. 通电试验指标测试

（1）查看尖轨转换过程中尖轨动作顺畅，无停顿、无摩卡、无异声，尖轨不抖动。

（2）2 mm、4 mm 实验。当 2 mm、4 mm 实验不合格时，需在密贴调整处调整，先把防松螺母松开，取出防松垫环，向左或向右转动密贴调整轴套螺母，即可进行密贴调整（顺时针调整时密贴力增加，适合 2 mm 实验不合格；逆时针调整时密贴力减小，适合 4mm 实验不合格）。

（3）定位、反位表示缺口。

① 定位、反位表示缺口标准为（1.5±0.5）mm，如表示缺口不合格需进行调整。

② 先将转辙机转换至伸出位置，通过道岔安装装置尖端杆上的螺母调整表示缺口，此位置为主表示缺口，调整完毕并确认达到标准。

③ 将转辙机转换至拉入位置，通过表示杆上的调整杆调整拉入位的表示缺口，此位置为副表示缺口，调整完毕并确认达到标准。

（4）调整顺序。

① 道岔密贴和道岔表示的调整顺序：先调整密贴，后调整表示。

② 道岔表示的调整顺序：先调伸出，后调拉入。

第四章　ZD6直流道岔转换控制设备故障

信号维修人员要熟知管内设备分布情况，要熟知道岔控制电路原理，要熟知道岔控制电路继电器动作顺序、定型组合配线情况，要熟知各种故障现象，能够熟练进行操作实验。

信号维修人员要熟知各种型号转辙机工作原理、元器件性能及指标、转辙机内部配线情况，要熟知各种故障现象，且能够熟练进行操作实验。

信号维修人员要熟知各种连接杆件工作原理、性能及指标；要能够熟知各种故障现象，并能够熟练进行操作实验，才能快速、准确判断故障原因，及时处理故障。

◆ 第一节　ZD6直流道岔转换控制设备控制电路故障

ZD6直流道岔转换控制电路故障可为两部分：① 直流道岔转换启动电路故障；② 直流道岔转换表示电路故障。

一、单机单动（单机双动）道岔 ZD6 直流道岔转换启动电路故障

（一）ZD6直流道岔转换启动电路故障所涉及器材

RD1、RD2、RD3、1DQJ、2DQJ、DLH、ZZJ（KBQ、K、M）等器材及相关接点、端子、线缆。

（二）ZD6直流道岔转换启动电路故障类型

- 1DQJ电路故障；
- 2DQJ电路故障；
- 1DQJ自闭故障（室内外启动电路开路故障）；
- 双动道岔启动电路故障——传动电路故障。

（三）ZD6直流道岔转换启动电路故障判断与处理

1. 1DQJ电路故障

1）故障现象

在操作台上向反位操作道岔，但道岔定位表示未消失（界面道岔未闪烁），且电流表指针不动。

2）现象分析

（1）道岔定位表示未消失（界面道岔未闪烁），证明表示电路未断开。

（2）电流表指针不动，证明道岔未转动。

（3）在道岔控制电路中，1DQJ第一组接点落下接通道岔定位表示电路，吸起切断表示电路且接通启动电路。从上述故障现象，可判定为1DQJ或励磁电路故障。

3）故障查找与处理

（1）操作道岔时确认联锁驱动继电器正常，YCJ、FCJ均能可靠吸起。

（2）操作道岔时用多用表DC25 V档测量1DQJ3-4线圈电压值，电压值为DC24 V，说明1DQJ励磁线圈故障。更换1DQJ，经试验，故障消失。

（3）操作道岔时用多用表DC25 V档测量1DQJ3-4线圈电压值，电压值为0 V，说明1DQJ励磁电路链路故障。

用电压法或电阻法查找1DQJ励磁电路中相关条件：KZ/KF电源、YCJ31-32、DGJ31-32、1DQJ3-4、2DQJ141-142、FCJ31-32及相关线缆，如图4-1黑实线所示。

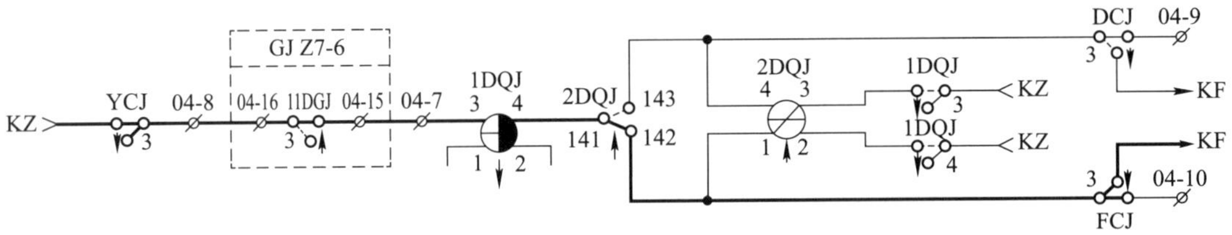

图4-1　1DQJ励磁电路

找到故障点后，进行处理，经试验，故障消失。

2. 2DQJ电路故障

1）故障现象

在操作台上向反位操作道岔，道岔定位表示消失（界面道岔闪烁），道岔反位表示灯不亮，道岔表示7~8 s后恢复定位表示（时间由不同联锁驱动时间决定），且电流表指针不动。

2）现象分析

（1）道岔定位表示消失（界面道岔闪烁），证明1DQJ已吸起，1DQJ第一组接点切断表示电路。

（2）电流表指针不动，证明道岔未转动。

（3）道岔表示7~8 s后恢复定位表示，证明1DQJ落下后再次接通定位表示电路。

（4）综上所述，可判断为1DQJ励磁吸起，2DQJ未转极，道岔控制电路继电器动作顺序1DQJ吸起—2DQJ转极；并且表示电路中分别需要通过1DQJ、2DQJ接点，而且2DQJ为极性保持继电器，当2DQJ转极后不会回到原位，再次构通道岔定位表示电路，因此根据故障现象判定为2DQJ或转极电路故障。

3）故障查找与处理

（1）操作道岔时，用多用表DC25 V档测量2DQJ1-2线圈电压值，电压值为DC24 V，说明2DQJ故障（1-2线圈故障）。更换2DQJ，经试验，故障消失。

（2）操作道岔时，用多用表DC25 V档测量2DQJ1-2线圈电压值，电压值为0 V，说明

2DQJ1-2 线圈转极电路链路故障。

用电压法查找 2DQJ1-2 线圈转极电路中相关条件；KZ/KF 电源、1DQJ41-42、2DQJ2-1、FCJ31-32 及相关线缆，如图 4-2 黑实线所示。

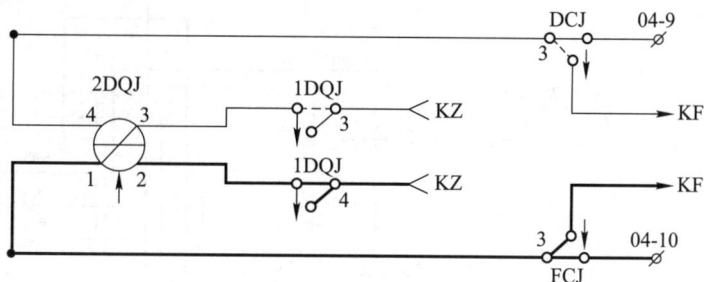

图 4-2　2DQJ 转极电路

找到故障点后，进行处理，经试验，故障消失。

3. 1DQJ 自闭故障（室内外启动电路开路故障）

1）故障现象

在操作台上向反位操作道岔，道岔定位表示消失（界面道岔闪烁），道岔反位表示灯不亮，电流表指针不动，15 s 后挤岔表示灯点亮，挤岔语音提示或电铃鸣响；向定位操作道岔，定位表示好。

2）现象分析

（1）电流表指针不动，证明道岔未转动。

（2）出现挤岔报警并且表示不能恢复原定位表示，证明 2DQJ 已经转极，切断了定位表示电路。

（3）综上所述，可确定 1DQJ 正常吸起、2DQJ 转极正常，可判断为 1DQJ 自闭电路未接通（转辙机启动电路未接通）。

3）故障查找与处理

在操作道岔时，用多用表 DC220 V 档测量分线柜上该道岔 X2、X4 线端子电压，如测试电压值为 0 V，说明启动电压未送到分线柜端子，室内部分启动电路故障；如测试电压值为 DC220 V，说明启动电压已送到分线柜端子，室内部分正常，室外启动电路开路故障。

（1）室内部分：用电压法查找 DZ 电源、DF 电源、RD2、RD3、1DQJ1-2、1DQJ11-12、2DQJ111-113、1DQJ21-22、2DQJ121-123 及相关线缆，如图 4-3 虚线所示。

找到故障点后，进行处理，经试验，故障消失。

（2）室外部分：用电压法查找转辙机启动接点 KBQ11-12、K05-06 及 M2-3-4 配线端子和相关线缆，如图 4-3 黑实线所示。

找到故障点后，进行处理，经试验，故障消失。

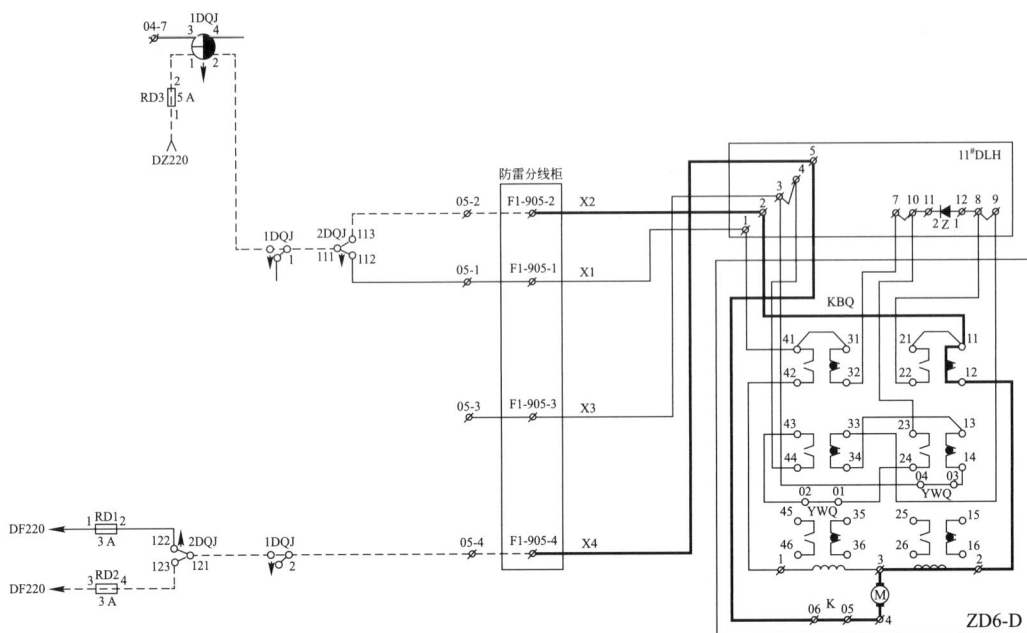

图 4-3　1DQJ 电路

4．双动道岔启动电路故障——传动电路故障

1）故障现象

在操作台上向反位操作道岔，道岔定位表示消失（界面道岔闪烁），道岔反位表示灯不亮，电流表指针动 1 A 左右，5~6 s 后电流表直接回 0 A，15 s 后挤岔表示灯点亮，挤岔语音提示或电铃鸣响。

2）现象分析

（1）电流表指针有数值，电流为 1 A 左右，证明道岔启动电路已工作正常。

（2）电流表 5~6 s 后直接回 0 A，根据电流时间，可确定一动道岔转辙机转换到位，但电流直接回 0，证明二动道岔转辙机电机未转动。

（3）挤岔表示灯点亮，挤岔语音提示或电铃鸣响，可确定为表示电路未接通。

（4）综上所述，双动道岔电流正常状态是，电流表指针动 1 A 左右，5~6 s 后电流表指针回打，瞬间又指向 1 A 左右，再次维持 5~6 s 后电流表指针回 0，根据故障现象，可判断为一动道岔转辙机传递接点未接通或二动道岔转辙机启动电路未接通。

3）故障查找与处理

用电压法或电阻法查找一动道岔转辙机传递、二动道岔转辙机启动电路中相关条件如下。

（1）一动道岔转辙机 KBQ21-22 传递接点，如图 4-4 虚线所示。

（2）二动道岔转辙机启动接点 KBQ11-12、K05-06 及 M2-3-4 配线端子和相关线缆，如图 4-4 虚线所示。

找到故障点后，进行处理，经试验，故障消失。

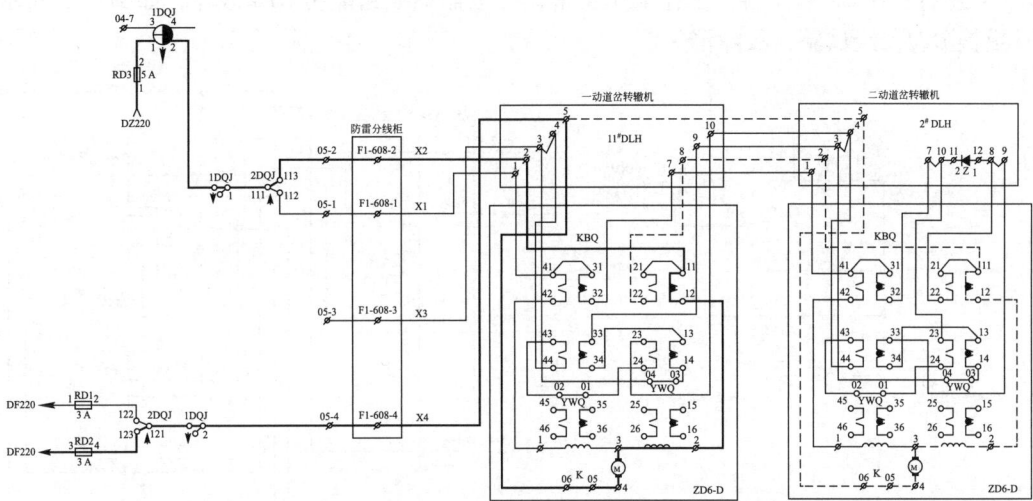

图 4-4　双动道岔启动电路

二、单机单动（单机双动）道岔 ZD6 直流道岔转换表示电路故障

（一）ZD6 直流道岔转换表示电路故障所涉及器材

RD4、R/C 盒、二极管、DBJ、FBJ、1DQJ、2DQJ、KBQ 等器材及相关接点、端子、线缆。

（二）ZD6 直流道岔转换表示电路故障类型

（1）DBJ（FBJ）故障。

（2）室内表示电路故障。

（3）室外表示电路故障。

（4）整流二极管短路故障。

（5）电容器开路故障。

（6）电容器短路故障。

（三）ZD6 直流道岔转换表示电路故障判断与处理

1. DBJ（FBJ）故障（以单动道岔定位为例）

1）故障现象

在操作台上向定位操作道岔，道岔反位表示消失（界面道岔闪烁），电流表指针指向
1 A 左右，5~6 s 后电流表直接回 0，但道岔定位表示灯不亮，15 s 挤岔表示灯点亮，挤岔语
音提示或电铃鸣响。

2）现象分析

（1）在操作台上向定位操作道岔时，电流表正常显示电流，证明转辙机启动电路正常。

（2）电流表在规定时间内回 0，证明道岔已转换完毕。

（3）综上所述，可确定为道岔定位表示电路故障。

3）故障查找与处理

（1）查看 DBJ 未吸起，使用多用表 AC250 V 和 DC250 V 档测量 DBJ1-4 线圈两端电压，

AC70 V 左右，DC55 V 左右，工作电压正常，继电器不吸起证明 DBJ 故障，如图 4-5 所示。

更换 DBJ，经试验，故障消失。

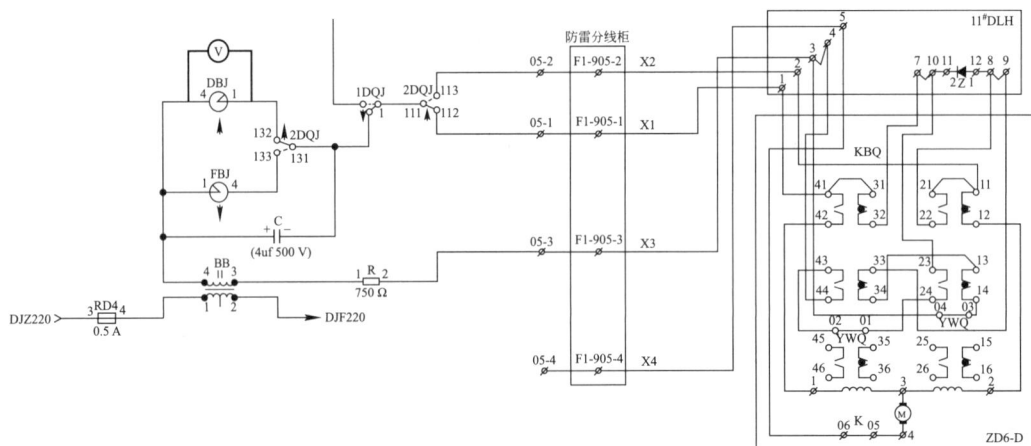

图 4-5　转换表示电路

（2）测试电压，AC170 V 左右，DC150 V 左右，继电器不吸起证明 DBJ 开路故障（继电器本身线圈、继电器线圈 2-3 勾线）。

更换 DBJ 或更换勾线，经试验，故障消失。

2. 室内表示电路故障

1）故障现象

在操作台上向定位操作道岔，道岔反位表示消失（界面道岔闪烁），电流表指针指向 1 A 左右，5~6 s 后电流表直接回 0，但道岔定位表示灯不亮，15 s 挤岔表示灯点亮，挤岔语音提示或电铃鸣响。

2）现象分析

（1）在操作台上向定位操作道岔时，电流表正常显示电流，证明转辙机启动电路正常。

（2）电流表在规定时间内回 0，证明道岔已转换完毕。

（3）综上所述，可确定为道岔定位表示电路故障。

3）故障查找与处理

（1）用多用表 AC250 V 档测量 DBJ1-4 线圈两端电压，无电压，证明表示电路链路故障。

（2）用多用表 VC250 V 档和 DC250 V 档测量分线柜上该道岔的 X1、X3 线端子间电压。X1、X3 端子间 AC、DC 电压值均为 0 V，说明表示电源没有送到分线柜，电路故障点为室内表示电路链路故障。用电压法或电阻法测量 2DQJ111-112，1DQJ11-13，2DQJ131-132，DBJ1-4，BB4-3，R1-2，DJZ220、DJF220，如图 4-6 所示。

找到故障点后，进行处理，经试验，故障消失。

3. 室外表示电路故障

1）故障现象

在操作台上向定位操作道岔，道岔反位表示消失（界面道岔闪烁），电流表指针指向

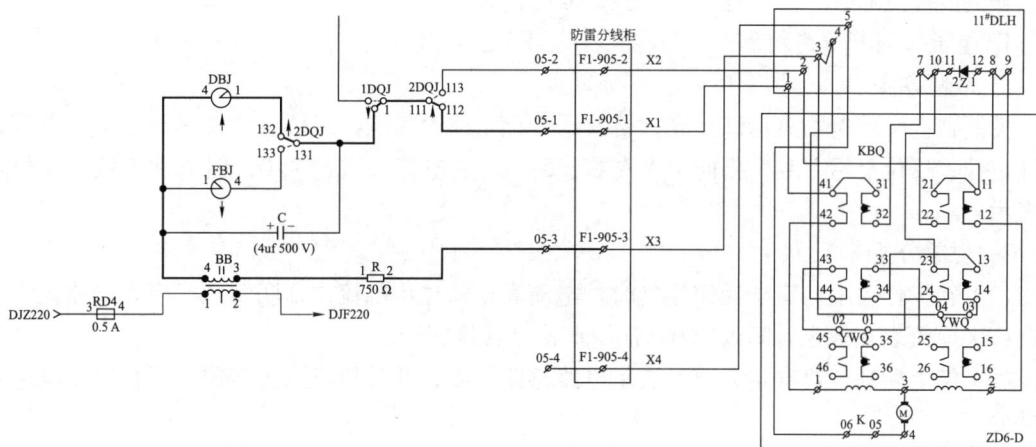

图 4-6　室内表示电路

1 A 左右，5~6 s 后电流表直接回 0，但道岔定位表示灯不亮，15 s 挤岔表示灯点亮，挤岔语音提示或电铃鸣响。

2）现象分析

（1）在操作台上向定位操作道岔时，电流表正常显示电流，证明转辙机启动电路正常。

（2）电流表在规定时间内回 0，证明道岔已转换完毕。

（3）综上所述，可确定为道岔定位表示电路故障。

3）故障查找与处理

（1）用多用表 AC250 V 档测量 DBJ1-4 线圈两端电压，无电压，证明表示电路链路故障。

（2）用多用表 VC250 V 档和 DC250 V 档测量分线柜上该道岔的 X1、X3 端子间电压。X1、X3 端子间交直流电压值 AC100 V、DC0 V，说明表示电源已送出室外去，是室外表示电路链路故障。用电压法或电阻法测量 DLH-1、DLH-3、KBQ41-31-32、DLH-7-10-11、Z1-2、DLH-12-8-9、KBQ33-34、KBQ13-14、YWQ 01-02，如图 4-7 所示。

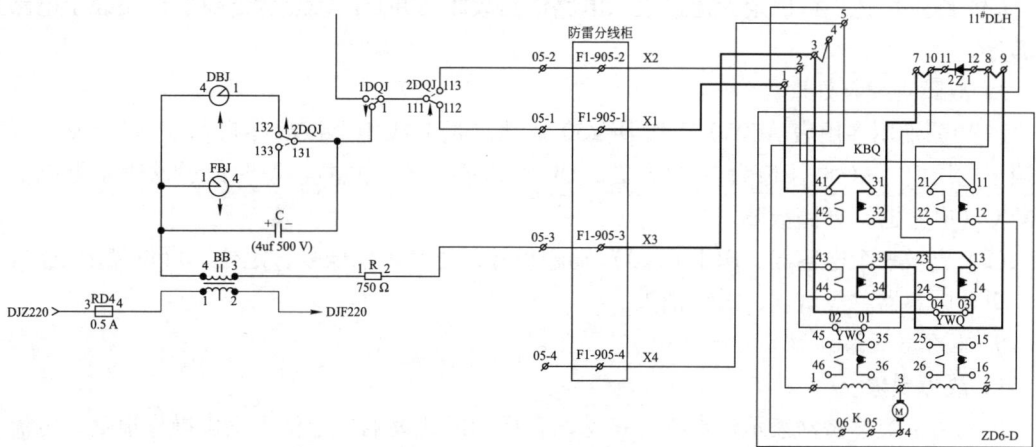

图 4-7　室外表示电路

找到故障点后，进行处理，经试验，故障消失。

4. 整流二极管短路故障

1）故障现象

控制台上突然挤岔表示灯点亮，挤岔语音提示或铃鸣响，定位、反位操作道岔，电流表指针定位、反位显示一致，指向 1 A 左右，5~6 s 后电流表直接回 0，但道岔定位、反位均无表示。

2）现象分析

（1）在操作台上向定位操作道岔时，电流表正常显示电流，证明转辙机启动电路正常。

（2）电流表在规定时间内回 0，证明道岔已转换完毕。

（3）综上所述，可确定为道岔表示电路链路故障，并且故障点为定位、反位表示电路共用部分。

3）故障查找与处理

（1）分别用多用表 AC250 V 和 DC250 V 档测量分线柜上该故障道岔的 X1（X2）、X3 线端子电压值，AC 电压值为 2 V 左右，DC 电压值为 0 V，说明室外表示电路链路短路故障。

（2）室外表示电路链路中同时影响定位、反位表示电路共用部分只用二极管及相关安装端子，拆下 Z（二极管）测量正向、反向电阻值均为零，说明 Z 内部已击穿短路。

更换 Z，经实验，故障消失。

5. 电容器开路故障

1）故障现象

控制台上突然挤岔表示灯点亮，挤岔语音提示或铃鸣响，定位、反位操作道岔，电流表指针定位、反位显示一致，指向 1 A 左右，5~6 s 后电流表直接回 0，但道岔定位、反位均无表示。

2）现象分析

（1）在操作台上向定位操作道岔时，电流表正常显示电流，证明转辙机启动电路正常。

（2）电流表在规定时间内回 0，证明道岔已转换完毕。

（3）综上所述，可确定为道岔表示电路链路故障，并且故障点为定位、反位表示电路共用部分。

3）故障查找与处理

（1）分别用多用表 AC250 V 和 DC250 V 档测量分线柜上该故障道岔的 X1（X2）、X3 线端子电压值，AC 电压值为 10 V 左右，DC 电压值为 8 V 左右，说明该道岔表示继电器并联的 C（电容器）开路故障。

（2）更换一个电容器，DBJ（FBJ）励磁吸起，道岔表示恢复，定位、反位表示正常。

更换电容器，经试验，故障消失。

6. 电容器短路故障

1）故障现象

控制台上突然挤岔表示灯点亮，挤岔语音提示或铃鸣响，定位、反位操作道岔，电流表指针定位、反位显示一致，指向 1 A 左右，5~6 s 后电流表直接回 0，但道岔定位、反位均无表示。

2）现象分析

（1）在操作台上向定位操作道岔时，电流表正常显示电流，证明转辙机启动电路正常。

（2）电流表在规定时间内回 0，证明道岔已转换完毕。

（3）综上所述，可确定为道岔表示电路链路故障，并且故障点为定位、反位表示电路共用部分。

3）故障查找与处理

（1）分别用多用表 AC250 V 和 DC250 V 档测量分线柜上该故障道岔的 X1（X2）、X3 线端子电压值，AC 电压值为 55 V，DC 电压值为 45 V，说明该道岔室内外表示电路正常，证明表示继电器并联的 C（电容器）故障。

（2）更换一个电容器，DBJ（FBJ）励磁吸起，道岔表示恢复，定位、反位表示正常。

更换电容器，经试验，故障消失。

第二节　ZD6 直流道岔转换控制设备直流转辙机故障

一、ZD6 直流转辙机故障类型

（1）电动机故障。

（2）卡阻故障。

（3）空转故障。

（4）动接点反弹故障。

（5）表示缺口故障。

二、单机单动道岔 ZD6 直流转辙机故障判断与处理

1. 电动机故障

1）故障现象

在操作台上向反位操作道岔，道岔定位表示消失（界面道岔闪烁），道岔反位表示灯不亮，电流表指针不动作，15 s 后挤岔表示灯点亮，挤岔语音提示或电铃鸣响。

2）现象分析

（1）道岔定位表示消失，并且定位表示未再恢复，证明 1DQJ 吸起，2DQJ 已转极。

（2）电流表指针不动作，证明 1DQJ 自闭电路（转辙机转换电路）未沟通。

3）故障查找与处理

（1）操作道岔时，用多用表 DC220 V 档测量分线柜上该道岔的 X2、X4 线端子电压，如测试电压值为 DC220 V，说明启动电压已送到分线柜端子，室内部分正常，室外启动电路故障。

（2）操作道岔时，测试转辙机内电动机接线端子 2、端子 4，如测试电压值为 DC220 V，电动机不转动，证明电动机故障，先检查握盒盖是否紧固；炭刷是否完整，与换相片接触是否良好。

找到故障点后，进行处理，经试验，故障消失。

2. 卡阻故障

1）故障现象

在操作台上向反位操作道岔，道岔定位表示消失（界面道岔闪烁），道岔反位表示灯不亮，电流表指针为 2.5 A 左右，15 s 后挤岔表示灯点亮，挤岔语音提示或电铃鸣响。

2）现象分析

（1）电流表有电流指示，证明道岔已经启动，启动电路工作正常。

（2）电流表指针为 2.5 A 左右，证明转辙机处于摩擦状态，未转换到位、未锁闭。

（3）通过以上现象，可确定转辙机启动电路正常；转辙机电流处于摩擦状态，故障为转换机械部位。

3）故障查找与处理

转辙机转换不到位，处于摩擦电流工作状态下，故障原因较多，主要分为以下几类。

（1）转辙机内部有无卡阻现象。

（2）速动爪与速动片间隙是否合适，是否有余量。

（3）齿条块与锁闭齿轮之间是否有异物。

（4）转辙机转换到位检查柱未落入检查口内等。

找到故障点后，进行处理，经试验，故障消失。

3. 空转故障

1）故障现象

在操作台上向反位操作道岔，道岔定位表示消失（界面道岔闪烁），道岔反位表示灯不亮，电流表指针为 2 A 左右无变化，15 s 后挤岔表示灯点亮，挤岔语音提示或电铃鸣响，电流指示还是在 2 A 左右。

2）现象分析

（1）电流表有电流指示，证明道岔已经启动，启动电路工作正常。

（2）电流表指针为 2 A 左右，直到挤岔报警时还是 2 A 左右，证明转辙机处于摩擦状态，未转换到位、未锁闭。

（3）通过以上现象，可确定转辙机启动电路正常；由转辙机摩擦联结器空转所造成（转换力小）。

3）故障查找与处理

（1）到现场检查摩擦联结器压弹簧压力是否合适。

（2）弹簧是否与夹板部分触碰，造成摩擦力无法调整。

（3）检查摩擦带是否有油污、油迹。

找到故障点后，进行处理，经试验，故障消失。

4. 动接点反弹故障

1）故障现象

在操作台上向定位操作道岔，扳动道岔时电流表指示正常，5~6 s 标准时间内电流表回0，道岔定位表示灯点亮，随后熄灭，15 s 后挤岔表示灯点亮，挤岔语音提示或电铃鸣响。定位、反位反复扳动实验，5~6 s 后电流表回 0，反位会出现同样现象，此故障不是每次扳动均会出现，为偶发故障并且定位、反位均会出现。

2）现象分析

（1）定位、反位反复扳动实验，5~6 s 后电流表回 0，证明启动电路工作正常，表示电路故障。

（2）道岔定位或反位表示灯点亮，随后熄灭，证明表示电路被接通过。

3）故障查找与处理

（1）到达现场后，打开转辙机，目视检查发现转辙机转换到位后，动接点排自动打入静接点排后，动接点又从静接点排内弹出，造成表示接通后又断开。

（2）目视检查发现转辙机转换到位后，摩擦联结器没有出现空转，而是出现反转。

（3）通过以上现象，可确定转辙机启动电路正常；由转辙机摩擦联结器摩擦力过大，无法消耗转辙机到位后的剩余动能造成。

（4）测试摩擦电流，将摩擦电流调整至标准范围。

进行调整处理，经试验，故障消失。

5. 表示缺口故障

1）故障现象

在操作台上向反位操作道岔，道岔定位表示消失（界面道岔闪烁），电流表显示 1 A 左右，且在 5~6 s 标准时间内电流表回 0，道岔反位表示灯不亮，15 s 后挤岔表示灯点亮，挤岔语音提示或电铃鸣响。

2）现象分析

（1）电流表有电流指示，证明道岔已经启动，启动电路工作正常。

（2）电流表在标准时间内回 0，说明道岔已转换完毕并且已锁闭，道岔表示电路故障。

3）故障查找与处理

（1）用多用表 VC250 V 档和 DC100 V 档测量分线柜上该道岔的 X2、X3 线端子间电压。X2、X3 端子间 AC、DC 电压值 AC110 V、DC0 V，说明交流电源已送出室外去，直流电压未返回室内，是室外表示电路故障。

（2）到道岔现场打开转辙机，发现自动开闭器动接点卡阻或卡口停留在两静接点中间位置，故障原因有以下几种。

① 自动开闭器拐轴卡阻，造成动接点动作不灵活。

② 自动开闭器接点拉簧拉力小，不符合标准。

③ 转辙机主表示杆、副表示杆连接螺栓松动，致使表示杆缺口移位。

④ 内表示杆表示缺口内掉落异物，造成检查柱无法落到位。

⑤ 找到故障点后，进行处理，经试验，故障消失。

三、单机双动道岔 ZD6 直流转辙机故障判断与处理

1. 故障判断

在控制台上判断是一动道岔转辙机故障还是二动道岔转辙机故障。

1）一动道岔转辙机故障判断

在操作台上向反位操作道岔，道岔定位表示消失（界面道岔闪烁），道岔反位表示灯不亮，电流表指针不动，15 s 后同时挤岔表示灯点亮，挤岔语音提示或电铃鸣响，说明一动道

岔转辙机故障。

2）二动道岔转辙机故障判断

在操作台上向反位操作道岔，道岔定位表示消失（界面道岔闪烁），道岔反位表示灯不亮，电流表指针动 1 A 左右，5~6 s 后电流表直接回 0 A，同时挤岔表示灯点亮，挤岔语音提示或电铃鸣响。

（1）电流表指针有数值，证明道岔启动电路工作正常，一动道岔转辙机电机转动。

（2）电流表指针动 1 A 左右，5~6 s 后直接回 0 A，说明一动道岔转辙机工作正常，二动道岔转辙机故障或一动道岔转辙机传递故障。

2. 故障处理

按照"单机单动道岔 ZD6 直流转辙机故障判断与处理"进行处理。

第三节　ZD6 直流道岔转换控制设备安装装置、各种杆件及绝缘故障

一、ZD6 直流道岔安装装置、各种杆件故障

（一）ZD6 直流道岔安装装置、各种杆件故障类型

（1）道岔转不到位故障。

（2）表示缺口故障。

（二）单机单动道岔 ZD6 直流道岔安装装置、各种杆件故障判断与处理

1. 道岔转不到位故障

1）故障现象

在操作台上向反位操作道岔，道岔定位表示消失（界面道岔闪烁），道岔反位表示灯不亮，电流表指针为 2.5 A 左右，15 s 后挤岔表示灯点亮，挤岔语音提示或电铃鸣响。

2）现象分析

（1）电流在 2.5 A 左右，说明道岔启动电路工作正常，为机械故障。

（2）电流表指针为 2.5 A 左右，证明转辙机处于摩擦状态，未转换到位、未锁闭。

（3）通过以上现象，可确定转辙机启动电路正常；转辙机电流处于摩擦状态，故障为转换机械部位。

3）故障查找与处理

转辙机处于摩擦电流工作状态，产生这种故障的原因有很多种。

到道岔现场查看，注意以下问题。

（1）尖轨与基本轨之间是否有异物。

（2）尖轨与滑床板之间是否有异物。

（3）动作杆件是否有异物卡滞。

（4）滑床板是否吊板或生锈。

（5）动作杆件各部螺丝是否松动或脱落。

（6）尖轨与导曲轨的横穿固定螺栓紧固过紧。

（7）尖轨与基本轨密贴力过大等。

找到故障点后，进行处理，经试验，故障消失。

2. 表示缺口故障

1）故障现象

在操作台上向反位操作道岔，道岔定位表示消失（界面道岔闪烁），电流表显示 1 A 左右，且在 5~6 s 标准时间内电流表回 0，道岔反位表示灯不亮，15 s 后挤岔表示灯点亮，挤岔语音提示或电铃鸣响。

2）现象分析

（1）电流表有电流指示，证明道岔已经启动，启动电路工作正常。

（2）电流表在标准时间内回 0，说明道岔已转换完毕并且已锁闭，道岔表示电路故障。

3）故障查找与处理

（1）用多用表 VC250 V 档和 DC100 V 档测量分线柜上该道岔的 X2、X3 线端子间电压。X2、X3 端子间 AC、DC 电压值 AC110 V、DC0 V，说明交流电源已送出室外去，直流电压未返回室内，是室外表示电路故障。

（2）到道岔现场打开转辙机，发现表示卡口（动接点处于两静接点中间位置），故障原因有以下几个。

① 检查尖轨密贴是否发生变化，密贴不符合标准。

② 转辙机内表示杆与外表示杆连接销子旷动多大，连接销轴螺丝松动或脱落。

③ 表示杆调整螺母松动。

找到故障点后，进行处理，经试验，故障消失。

（三）单机双动道岔 ZD6 直流道岔安装装置、各种杆件故障判断与处理

1. 道岔转不到位故障

1）故障现象

（1）在操作台上向反位操作道岔，道岔定位表示消失（界面道岔闪烁），道岔反位表示灯不亮，电流表摆动一下，电流值在 2.5 A 左右，15 s 后挤岔表示灯点亮，挤岔语音提示或电铃鸣响。

（2）在操作台上向反位操作道岔，道岔定位表示消失（界面道岔闪烁），道岔反位表示灯不亮，电流表摆动一次 5~6 s 后回 0，出现第二次又摆动，电流值在 2.5 A 左右，15 s 后挤岔表示灯点亮，挤岔语音提示或电铃鸣响。

2）现象分析

针对以上两种故障现象进行分析。

（1）电流表摆动一下，电流值在 2.5 A 左右，说明道岔启动电路工作正常。

① 根据电流数值证明转辙机处于摩擦状态，未转换到位、未锁闭，故障为转换机械部位。

② 根据电流表只摆动一下判断故障为一动道岔转不到位故障。

（2）电流表摆动一次 5~6 s 后回 0，出现第二次又摆动，电流值在 2.5 A 左右，说明道岔启动电路工作正常。

① 根据电流数值证明转辙机处于摩擦状态，未转换到位、未锁闭，故障为转换机械部位。

② 根据电流表只摆动两次判断故障为二动道岔转不到位故障。

3）故障查找与处理

参照"单机单动道岔 ZD6 直流道岔安装装置、各种杆件故障判断与处理——道岔转不到位故障"。

2. 表示缺口故障

1）故障现象

（1）在操作台上向反位操作道岔，道岔定位表示消失（界面道岔闪烁），电流表显示 1 A 左右，且在 5~6 s 标准时间内电流表回 0，道岔反位表示灯不亮，15 s 后挤岔表示灯点亮，挤岔语音提示或电铃鸣响。

（2）在操作台上向反位操作道岔，道岔定位表示消失（界面道岔闪烁），电流表显示 1 A 左右，且在 5~6 s 标准时间内电流表回 0，立刻电流表再次显示 1 A 左右，5~6 s 标准时间内电流表回 0，道岔反位表示灯不亮，15 s 后挤岔表示灯点亮，挤岔语音提示或电铃鸣响。

2）现象分析

针对以上两种故障现象进行分析。

（1）电流表显示 1 A 左右，5~6 s 标准时间内电流表回 0，道岔反位表示灯不亮，证明一动道岔转换完毕，一动道岔的表示电路和二动道岔启动传递电路未构通，故障点为一动道岔。

（2）电流表显示 1 A 左右，5~6 s 标准时间内电流表回 0，立刻电流表再次显示 1 A 左右，5~6 s 标准时间内电流表回 0，道岔反位表示灯不亮，证明一动、二动道岔均已转换到位，故障点为二动道岔。

3）故障查找与处理

参照"单机单动道岔 ZD6 直流道岔安装装置、各种杆件故障判断与处理——表示缺口故障"。

二、ZD6 直流道岔绝缘故障

（一）绝缘破损检查

1. 绝缘识别

绝缘的种类：安装装置绝缘、动作杆绝缘、表示杆绝缘、道岔第一连接杆绝缘、道岔第二连接杆绝缘、道岔第三连接杆绝缘等。

2. 绝缘检查方法

用多用表测量绝缘好坏的方法如下。

（1）电压法测量。此方法用于带电时测量，在测量时，将多用表转换开关置于 AC10 V 档，一表笔接触绝缘内侧，另一表笔分别与两根轨面相连接，此时无电压，说明绝缘良好；如果某一轨面有电压，另一轨面无电压，说明无电压侧的绝缘破损。

（2）电阻法测量。此方法用于不带电时测量，在测量时，将多用表转换开关置于电阻 R×

10档，一表笔接触绝缘内侧，另一表笔接触轨面，此时多用表读数即为该端绝缘电阻值。电阻值为0时，说明该绝缘已破损。

（二）ZD6直流道岔安装装置绝缘故障判断与处理

用多用表测量安装装置绝缘是否良好，如果绝缘破损，分解、更换已破损的绝缘。

进行更换处理，经测量，绝缘良好，故障消失。

（三）ZD6直流道岔密贴调整杆绝缘故障判断与处理

用多用表测量密贴调整杆绝缘是否良好，如果绝缘破损，分解、更换已破损的绝缘。

进行更换处理，经测量，绝缘良好，故障消失。

（四）ZD6直流道岔外表示杆绝缘故障判断与处理

用多用表测量外表示杆绝缘是否良好，如果绝缘破损，分解、更换已破损的绝缘。

进行更换处理，经测量，绝缘良好，故障消失。

第五章　道岔转换控制设备维修案例

本维修案例列举了 98 个道岔转换控制设备维修工作实例，对出现的问题进行了一一描述，并配有 96 张相应的现场照片。编写这些案例，旨在让学习者能够反向思维，从另一方面对设备工作状态进行理解，能够通过这些案例拓展眼界，激发无限想象力。

要求维修人员一定要认真按照维修作业程序和标准去进行维修作业，并做好维修记录。道岔转换控制设备主要部分安装在室外，环境潮湿，尘土、油污侵蚀严重，加上列车车轮碾压和冲撞，使得各个部件极易受到损伤和损坏。通过照片，大家可以直接看到设备损伤程度，感受到造成这些问题千变万化的复杂性。

一、维修案例分析

从 98 个道岔转换控制设备维修工作实例中分析，道岔转换控制设备大概存在 14 个方面的问题。

1. 滑床板问题

道岔尖轨轨底与滑床板间隙≤1 mm。滑床板吊板及损坏是造成道岔尖轨卡阻的主要原因。如果发现有吊板问题时，应及时联系工务人员进行整治，以保证道岔正常解锁、转换和锁闭。

2. 道岔尖轨与基本轨密贴及密贴力问题

由于道岔尖轨与基本轨密贴不实，密贴力不够可导致挤切销、挤脱器损伤。建议利用 2 mm 锁闭、4 mm 不锁闭的技术标准及尖轨和基本轨能夹住纸为参照进行道岔执表。根据整体道床刚度大、振动大，碎石道床相对刚度小，基本轨不抗劲的状况，以道岔实际需求为主的前提下进行适当调整，必要时联系工务人员协同调整。

3. 基本轨波磨导致转辙机机体振动问题

基本轨有波磨现象，当列车通过时，会产生共振，造成道岔大螺栓断裂及大角钢断裂，联系工务人员进行维修、调整。

4. 开口销问题

开口销断裂原因有：① 开口销反复掰直使用；② 开口销不是双侧掰开角度大于 60°。

5. 安装装置螺栓松动问题

安装装置螺栓松动问题也是比较常见的，它极易造成表示故障。主要体现在安装装置螺栓松动会使密贴和表示发生变化，导致道岔不能锁闭、解锁或没有表示。而且此问题不容易判断，会被误认为是自动开闭器或表示杆旷量的相关问题。

6. 尖轨反弹问题

尖轨反弹主要存在于单机牵引道岔中。表现形式有两种，一种是转辙机解锁后尖轨能连续移动，严重时能达到尖轨行程的一半。另一种是解锁后"嘭"的一声，尖轨就离开了基本轨，没有后续的力。此问题的危害是使道岔不锁闭或不解锁。

7. 电机噪声大、动力不足问题

道岔在扳动过程中电机转动噪声大，经查看发现噪声主要来自电机齿轮，并且在摩擦空转时力小。

8. 动接点、静接点问题

动接点、静接点之间压力过大或过小，动接点、静接点座螺丝松等，都是发生故障的原因。在维检修作业中，必须手摇试验，在接点摇到中间时查看动作情况，同时要定期紧固动接点、静接点座螺丝。

9. 摩擦联结器摩擦力大或小的问题

摩擦联结器对转辙机正常转换起至关重要的作用。如果摩擦联结器力大，就会使摩擦联结器发生抱死故障，造成自动开闭器接点反打；如果摩擦联结器力小，就会使转辙机空转。

10. 摩擦力与密贴力之间关系

密贴力的大小、摩擦力的大小，都会造成 2 mm 不锁闭。

11. 单机牵引第二连接杆、第三连接杆不密贴和双机牵引第二牵引点不密贴问题

对于单机内锁闭机型，如果出现第二连接杆、第三连接杆不密贴问题，在过车时由于尖轨与基本轨之间有空隙，会使尖轨抖动，最终传导到转辙机内部，导致表示缺口偏移或伤主挤切销的故障。同样，对于双机外锁闭的机型，如果出现第一、第二牵引点之间不密贴，也会导致表示缺口偏移的故障（当杆件存在旷量时，由于振动错位，导致再次扳动时检查柱不能落下）。

12. 各杆件旷量问题

存在旷量就使得杆件出现两个极限连接边界，如果旷量大，两个边界变化范围就大，第一连接杆旷量的两个极限变化范围超过 2 mm，就可以使检查柱不能落入表示缺口内。

13. 锁钩轴套旷量问题

当锁钩轴套旷量大时，锁钩摆动量增大，当锁钩倾斜到一定角度时，有可能扳动瞬间力变大，从而导致不能解锁或锁闭。

14. 螺栓松动问题

主要体现在安装装置螺栓松动，包括：转辙机基础螺栓、大角钢小角钢螺栓、L 铁螺栓。螺栓松动会使密贴和表示发生变化，导致道岔没有表示。而且此问题不容易判断，会被误认为是自动开闭器或表示杆旷量的相关问题。

二、维修案例

维修案例 1：转辙机共振问题

5 号线某某站，检查转辙机设备。

（1）处理 3# 转辙机共振问题，将 3# 转辙机方钢的 L 铁与 4# 转辙机方钢的 L 铁进行了调换。调换的目的是改变现在的安装尺寸和现状，从而改变共振点，消除转辙机共振问题。

（2）3# 道岔断裂的是大角钢还有断裂点旁边的安装螺栓（多次），所以判断这是共振点。

调换 L 铁和加侧力试验，要彻底减小振动情况还要工务来处理，如图 5-1~图 5-4 所示。

图 5-1　大角钢断裂点

图 5-2　调换 L 铁 1

图 5-3　调换 L 铁 2

图 5-4　调换 L 铁 3

图 5-5　基本轨轨面波磨

维修案例 2：转辙机共振问题

5 号线某某站，3#转辙机检查。

（1）分解 3#转辙机的 4 个 L 铁绝缘，最终测试电气参数正常。

（2）3#道岔振动与岔区的基本轨轨面的波磨有关，当列车速度与波磨的波长吻合时产生共振，如图 5-5 所示。

维修案例 3：更换静接点，主挤切销

1 号线某某站，2#/3#道岔检查。

（1）3#转辙机更换主挤切销，静接点更换了第一排。

（2）2#转辙机锁闭齿轮和齿条块是局部咬合，锁闭齿轮和齿条块有局部咬合磨痕，如图 5-6 与图 5-7 所示。

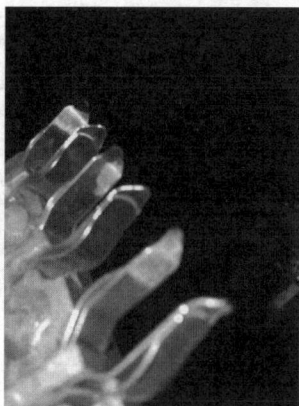

图 5-6　更换静接点

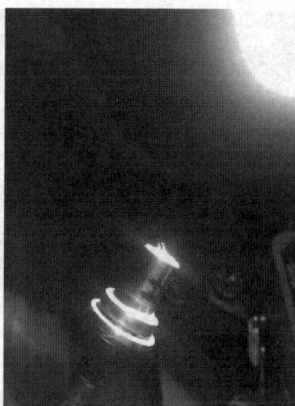

图 5-7　锁闭齿轮齿条块局部咬合磨痕

维修案例 4：锁闭齿轮和齿条块有局部咬合磨痕

1 号线某某站，2#/3#道岔检查。

2#转辙机锁闭齿轮和齿条块是局部咬合，锁闭齿轮和齿条块有局部咬合磨痕，如图 5-8 与图 5-9 所示。

图 5-8　咬合磨痕 1

图 5-9　咬合磨痕 2

维修案例 5：滑床板凸台磨损

2 号线某某站，1#/3#、2#道岔转辙机（ZD6）设备检查。

（1）1#、2#、3#尖轨滑床板凸台都存在较严重的磨损，造成尖轨存在不同程度上翘，此问题需要找工务处理或更换滑床板。如果长期在这个状态下工作，就会使主挤切销受伤，因为凸台的支撑力度小了，过车时尖轨会向下移动，这个力大于密贴力，同时作用在主挤切销上。

（2）2#道岔试验 4 mm 时，发现象鼻铁有轻微摆动，检查发现 4 条安装螺栓松动，紧固后重新调整尖轨密贴，伸出位调整轴套螺母松了 4 个面后密贴力正常，调整拉入位密贴和定位表示、反位表示后正常。试验 2 mm、4 mm 正常，如图 5-10~图 5-12 所示。

图 5-10　尖轨上翘 1

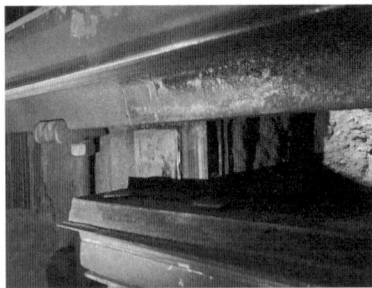

图 5-11　尖轨上翘 2

图 5-12　安装螺栓松动

维修案例 6：销轴有旷量、基本轨有波磨、机坑积水

7 号线某某站，2#/3# 道岔转辙机设备检查。

（1）3# 道岔转辙机摩擦联结器摩擦力小，增加 4 个齿后试验正常。

（2）3# 道岔第一连接杆、第二连接杆、第三连接杆销轴有旷量（见图 5-13），需要找工务处理。

（3）3# 道岔第二连接杆、第三连接杆处尖轨与基本轨之间有 2~4 mm 缝隙（见图 5-14），需要找工务配合处理。由于密贴不好也是造成第二连接杆、第三连接杆销轴有旷量的原因。

图 5-13　销轴有旷量

图 5-14　尖轨与基本轨有缝隙

（4）3#道岔双侧基本轨有波磨现象（见图5-15），它会引起过车时振动，振动会造成转辙机和安装装置设备损坏，要引起高度重视。所以每次执表要重点检查各部器件有无损坏情况（曾经断过L铁大螺栓），波磨问题找工务处理。

（5）2#道岔转辙机机坑积水问题严重（见图5-16与图5-17），水深12 cm，小角钢和螺栓均有锈蚀。现场使用水泵抽水达20 min左右。这几年积水问题有变严重的趋势，需要重视起来。

图5-15　基本轨波磨

图5-16　转辙机机坑积水1

图5-17　转辙机机坑积水2

（6）2#道岔转辙机摩擦联结器有反转情况，调整密贴力后正常。第一连接杆销轴有旷量，需要找工务处理。

维修案例7：顶铁无缝隙，基本轨有波磨

15号线某某站，2#/3#道岔转辙机设备检查。

（1）3#道岔B机伸出、拉入位都有缝隙不密贴，同时伸出位摩擦联结器有反转现象。在伸出位增加2 mm密贴调整片后，反转现象消失，但因为两侧顶铁都已经没有缝隙，所以两侧都不能继续增加密贴力了，需等工务调整顶铁之后，再继续调整。

（2）3#道岔尖轨在两个牵引点之间有弯曲现象，需要找工务处理。

（3）2#道岔 B 机伸出位摩擦联结器有反转，增加 1 mm 调整片后基本正常。

（4）2#道岔 B 机存在密贴缝隙大的问题（见图 5-18），但是顶铁已经没有缝隙（见图 5-19），不能增加密贴力，需等工务调整顶铁之后进行增加密贴力的调整。

图 5-18　密贴缝隙大

图 5-19　顶铁无缝隙

（5）2#道岔基本轨有波磨现象存在，为了防止振动损坏道岔设备，需要找工务处理，如图 5-20 所示。

图 5-20　道岔基本轨有波磨

维修案例 8：自动开闭器动静接点磨损

某某线某某站，13#/14#道岔转辙机设备检查。

（1）13#道岔转辙机清扫、注油和调整正常。

（2）14#道岔转辙机现场更换磨损较严重的自动开闭器动静接点，如图 5-21 所示。

（3）14#道岔有吊板情况，导致电扳时尖轨有轻微抖动，需要请工务来处理吊板和抖动问题。

图 5-21　更换磨损严重的自动开闭器

维修案例 9：动接点、静接点磨损严重

9 号线某某站，转辙机道岔设备检查。

转辙机动接点、静接点磨损严重，现场更换动接点、静接点，如图 5-22 所示。

图 5-22　更换动、静接点

维修案例 10：密贴杆有旷量

9 号线某某站，8#道岔转辙机设备检查。

（1）8#道岔第一连接杆、第二连接杆密贴力不够，第一连接杆有旷量。

（2）现场与工务一起进行调整、更换，问题基本得到解决，如图 5-23 所示。

图 5-23　解决密贴杆有旷量

维修案例 11：更换第一连接杆销子

9 号线某某站，3#道岔转辙机设备检查。

3#道岔第一连接杆有 4 mm 旷量，更换销子后得到部分解决，待更换尖轨时注意此问题能否进一步解决，如图 5-24 所示。

图 5-24　3#道岔第一连接杆销子

维修案例 12：转辙机内及外锁闭装置缺少润滑油

某某线某某站，17#、18#、15#道岔转辙机设备检查。

转辙机内、外锁闭装置缺少润滑油，在现场已经重新加注润滑油，如图 5-25 所示。

图 5-25　内、外锁闭装置加注润滑油

维修案例 13：转辙机内缺少润滑油

某某线某某站，1#/4#转辙机道岔设备检查。

转辙机内缺少润滑油（现场整改），如图 5-26 所示。

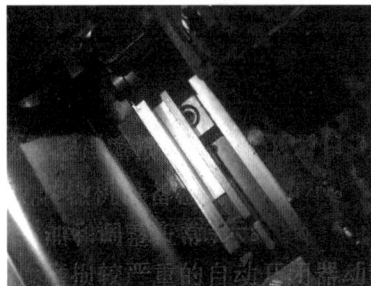

图 5-26　转辙机内缺少润滑油（现场整改）

维修案例 14：动接点、静接点磨损

某某线某某站，1#/4#道岔转辙机设备检查。

转辙机动接点、静接点磨损，更换，如图 5-27 所示。

图 5-27　动、静接点磨损，更换

维修案例 15：动接点、静接点调整

15 号线某某站，2#/3#道岔转辙机设备检查。

转辙机现场清扫、注油、调整，动接点、静接点限期整改，如图 5-28 所示。

图 5-28　动、静接点调整

维修案例 16：动接点打不进静接点

1 号线某某站，5#、7#、9#、10#道岔转辙机设备检查。

（1）各部清扫、调整正常。

（2）注意自动开闭器拐轴、检查柱的润滑情况，防止动接点打不进静接点的故障发生，如图 5-29 与图 5-30 所示。

图 5-29　自动开闭器拐轴润滑情况

图 5-30　检查柱润滑情况

维修案例 17：密贴力调整

7 号线某某站，4#/5# 道岔转辙机设备检查。

（1）清扫、润滑正常。

（2）4# 道岔密贴力稍大，减 1 mm 片后正常。

维修案例 18：第一连接杆（方钢）连接销旷量大

13 号线某某站，1#/4# 道岔转辙机设备检查。

（1）清扫、润滑、调整正常。

（2）第一连接杆（方钢）连接销旷量大，需要找工务更换处理，如图 5-31 所示。

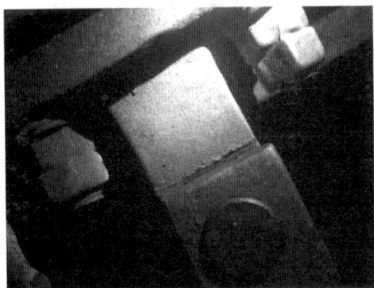

图 5-31　第一连接杆连接销旷量大

维修案例 19：挤切销损伤

1 号线某某站，3# 道岔转辙机复查。

（1）经检查主挤切销依然有挤切受伤痕迹（3 天前更换的）。

（2）现场与工务人员一起调整尖轨第一连接杆和第二连接杆处的密贴力，使伸出位密贴力得到有效调整，目前是 2 mm 锁闭、4 mm 不锁闭，状况良好，如图 5-32 所示。

图 5-32　挤切销损伤调整后

维修案例 20：尖轨跟端缝隙调整问题

7 号线某某站，3# 道岔转辙机检查。

（1）3# 道岔转辙机清扫润滑正常。

（2）3#道岔，工务更换伸出侧尖轨，换后反弹力大，经过调整，力度减小了，但还是存在尖轨跟端无缝隙。工务继续调整缝隙问题，如图5-33所示。

图5-33　尖轨跟端无缝隙调整

维修案例21：动接点、静接点损伤

某某线某某站，5#、2#道岔检查。

（1）调整5#道岔密贴力（摩擦联结器反转）和表示缺口。

（2）应尽快更换5#道岔尖轨1转辙机的动接点、静接点，如图5-34所示。

图5-34　动、静接点损伤

维修案例22：滑床板有纵沟和断纹

某某线某某站，2#道岔检查。

（1）2#道岔尖轨1定位第二块滑床板有纵沟和断纹，从现场情况看，故障原因应该是滑床板卡阻造成的。

（2）从现场情况看也符合断项保护器闪灯的故障现象。

（3）经过一夜的调整，问题还是没有彻底解决，继续配合工务进行调整，如图5-35与图5-36所示。

图 5-35　滑板床有纵沟

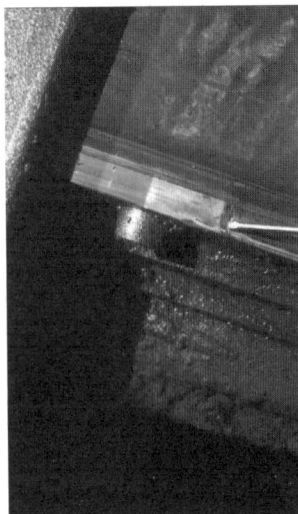

图 5-36　滑板床有断纹

维修案例 23：滑床板吊板

某某线某某站，4#道岔检查。

（1）4#道岔预防性更换尖轨 1 转辙机自动开闭器动接点、静接点和内外表示杆连接销。

（2）工务方面存在病害如下。

① 1~5 块滑床板吊板。

② 尖轨与基本轨顶铁间隙超标，列车通过时挤动尖轨，是造成过车时表示杆振动的原因。

③ 经过调整，1、2 块滑床板有好转，3、4、5 块滑床板还是不好。

④ 由于工务维修人员没有带山字铁，所以他们第二天对顶铁进行调整，如图 5-37 与图 5-38 所示。

图 5-37　滑板床吊板

图 5-38　调整顶铁

维修案例 24：更换动接点、静接点

某某线某某站，1#/4#道岔转辙机检查。

（1）1#道岔二牵更换 1 组动接点、静接点。

（2）4#道岔伸出位进行密贴微调，增加0.5 mm调整片后正常。

（3）各部清扫润滑正常，如图5-39所示。

图5-39　更换动、静接点

维修案例25：方钢和山字铁旷量大

5号线某某站，2#/3#道岔转辙机设备检查。

（1）3#道岔清扫润滑正常、调整正常。

（2）检查L铁螺栓正常。

（3）更换完基本轨后没再出现波磨情况。

（4）2#道岔清扫润滑正常。

（5）2#道岔无4 mm，但是密贴时尖轨与基本轨能夹住纸，无4 mm的原因是方钢和山字铁旷量大，如图5-40所示。

图5-40　方钢和山字铁旷量大

维修案例26：转辙机设备调整

1号线某某站，2#/3#道岔转辙机设备检查。

（1）3#道岔定位、反位密贴力偏大，调整后2 mm、4 mm实验及密贴力均正常。

（2）第三连接杆伸出位蹭基本轨轨底，工务现场调整后正常。

（3）2#道岔更换转辙机并对密贴力重新调整。

（4）第三连接杆拉入位蹭基本轨轨底，工务现场调整后正常。

（5）调整后动作电流曲线正常。

维修案例27：调整自动开闭器接点深度

7号线某某站，4#道岔检查。

微调 4# 道岔尖轨 1 定位锁闭框位置和自动开闭器接点深度，如图 5-41 所示。

图 5-41　调整自动开闭器接点深度

维修案例 28：滑床板卡阻有沟槽

6 号线某某站，1# 道岔检查。

1# 道岔发生无法扳至定位故障，现场排查定位第 5 块滑床板卡阻有沟槽，工务现场打磨尖轨轨底和滑床板表面，如图 5-42 所示。

图 5-42　滑床板卡阻有沟槽

维修案例 29：更换自动开闭器动接点、静接点

某某线某某站，1#、8# 道岔转辙机设备检查。

（1）1# 道岔清扫、润滑、调整正常。

（2）8# 道岔尖轨 1 和尖轨 2 更换自动开闭器动接点、静接点，如图 5-43 所示。

图 5-43　更换自动开闭器动、静接点

维修案例 30：尖端杆接头处有旷量

13 号线某某站，13#/15#道岔转辙机设备检查。

（1）15#道岔问题较多，尽快找工务处理，表现在第一连接杆、第二连接杆、第三连接杆接头处有旷量（4~5 mm）。

（2）山字铁和方钢接头处旷量大，需更换磨耗大部件，如图 5-44 所示。

图 5-44　尖端杆接头处有旷量

维修案例 31：尖轨跟端螺栓太紧、接头无缝隙

13 号线某某站；4#/11#、13#/15#道岔转辙机设备检查。

15#道岔问题较多，尽快找工务处理，拉入侧尖轨跟端螺栓太紧，尖轨跟端接头无缝隙，并有反弹（已部分处理，反弹减轻），如图 5-45 所示。

图 5-45　尖轨跟端螺栓太紧，尖轨跟端接头无缝隙

维修案例 32：调整密贴力

2 号线某某站，1#/3#、2#道岔转辙机设备检查。

（1）1#/3#、2#道岔的定位和反位密贴力都偏大，都减少了 1~2 个花扣。

（2）现场讲解调整方法：听声音、看指标、试验密贴力的大小。

维修案例 33：自动开闭器动接点、静接点磨损

10 号线某某站，6#、9#、11#、13#道岔转辙机设备检查。

（1）清扫、润滑、调整正常。

（2）自动开闭器动接点磨损较重，需要动、静接点同时更换，如图 5-46 所示。

图 5-46　自动开闭器动、静接点磨损

维修案例 34：尖轨有肥边

某某线某某站，3#、4#道岔转辙机设备检查。

（1）3#道岔伸出、密贴力大，调整后正常。

（2）4#道岔尖轨有肥边（拉入侧），现场已经清除掉，如图 5-47 所示。

（3）3#转辙机机坑有积水，如图 5-48 所示。

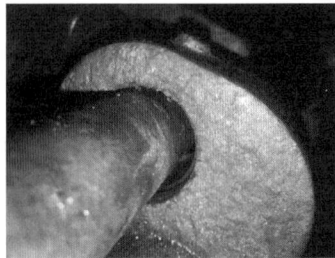

（4）4#道岔尖轨 2 锁钩轴的轴套有磨损，尽快更换锁钩，如图 5-49 所示。

图 5-47　尖轨有肥边　　　　图 5-48　机坑有积水　　　　图 5-49　尖轨 2 锁钩轴的轴套有磨损

维修案例 35：锁钩销轴和轴套有磨损

7 号线某某站，3#、4#道岔转辙机检查。

4#道岔转辙机检查，发现 4#转辙机拉入侧锁钩的销轴和锁钩轴套有磨损，将 3#道岔转辙机（只跑定位）与 4#道岔转辙机互换，换后正常，如图 5-50~图 5-52 所示。

图 5-50 锁钩轴套有磨损 　　图 5-51 销轴磨损 1 　　图 5-52 销轴磨损 2

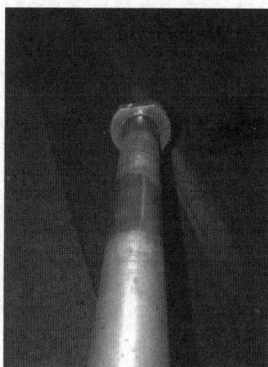

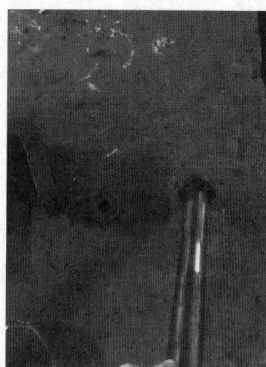

维修案例 36：密贴力调整

9 号线某某站，1#/4#、2#/3#道岔转辙机设备检查。

（1）1#、2#、4#道岔转辙机清扫、润滑、调整正常。

（2）3#道岔转辙机伸出侧密贴力稍大（摩擦联结器反转），调整后正常。

维修案例 37：调整尖端杆和方钢

2 号线某某站，2#/4#、1#道岔转辙机设备检查。

（1）2#/4#道岔转辙机清扫、润滑、调整正常。

（2）1#道岔转辙机尖端杆和方钢安装有问题，造成尖轨反弹，重新调整后正常。

维修案例 38：锁钩及销轴磨损

15 号线某某站，6#/7#道岔转辙机设备检查。

（1）6#道岔转辙机尖轨 1 锁钩及销轴磨损严重，尽快更换完成，如图 5-53 所示。

（2）7#道岔转辙机伸出侧 1~6 块滑床板吊板，7、8、9 块滑床板高，将尖轨架起来了，需要工务调整。

图 5-53 锁钩及销轴磨损

维修案例 39：调整活接头及轨缝

13 号线某某站，5#、12#/14#道岔转辙机设备检查。

（1）3 个道岔尖轨都有轻微反弹，原因是活接头紧且两侧轨缝不均匀，偏差大。

（2）现场进行调整，反弹减轻，但是轨缝问题需要找工务解决。

维修案例 40：表示杆连接销有旷量

9 号线某某站，道岔转辙机设备检查。

（1）3#道岔转辙机反位表示杆接头的连接销有旷量。

（2）8#道岔转辙机定位表示杆接头的连接销有旷量，尽快更换完成。

维修案例 41：基本轨和尖轨波磨

7 号线某某站，2#/3#道岔转辙机设备检查。

（1）2#/3#道岔转辙机清扫、注油和调整正常。

（2）2#道岔转辙机机坑有积水，造成地脚螺栓锈蚀。

（3）3#道岔基本轨和尖轨波磨严重，找工务处理。

维修案例 42：滑床板磨出沟槽

13 号线某某站，1#/4#道岔转辙机设备检查。

（1）1#/4#道岔转辙机清扫、注油和调整正常。

（2）4#道岔有一块滑床板磨出沟槽，需工务处理，如图 5-54 所示。

图 5-54　滑床板磨损沟槽处理

维修案例 43：尖轨滑床板的凸台磨损

1 号线某某站，2#/3#道岔转辙机设备检查。

（1）3#道岔的第二连接杆先于第一连接杆密贴，影响岔尖的密贴，现场与工务一起调整，通过减少第二连接杆的一个 2 mm 厚的山字铁后正常。

（2）2#、3#道岔尖轨滑床板的凸台磨损严重，如图 5-55 所示。尖轨变薄使其上抗，密贴后的尖轨就离开了滑床板凸台，所以过车时使主销受力。联系工务更换新的滑床板。

图 5-55　尖轨滑床板凸台磨损

维修案例 44：表示杆接头销子有旷量

某线某某站，3#/6#道岔转辙机设备检查。

（1）转辙机清扫、注油和调整正常。

（2）3#道岔尖轨拉入侧转换时有跳动，需要找工务重新调整滚轮滑床板。

（3）3#道岔 J2 表示杆接头销子有旷量，需更换，如图 5-56 所示。

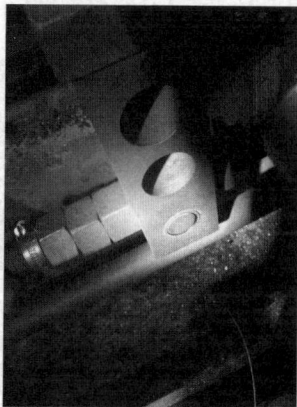

图 5-56　J2 表示杆接头销子有旷量

维修案例 45：滑床板磨损

15 号线某某站，6#/7#道岔转辙机设备检查。

（1）7#道岔伸出侧尖轨的 4、5、6 块滑床板高，把尖轨头部架高了，需要找工务调整；第 4 块滑床板磨损严重需要找工务更换，如图 5-57 所示。

（2）7#道岔伸出侧尖轨鼓肚，造成牵引 1 和牵引 2 之间先于岔尖密贴，使岔尖的密贴不严，需要找工务更换尖轨。

图 5-57　滑床板磨损

维修案例 46：电机转动时噪声大

某某线某某站，17#/18#道岔转辙机设备检查。

（1）17#道岔转辙机电机转动时噪声大，并且在摩擦空转时力小，建议更换电机。

（2）18#道岔转辙机安全接点不好，现场调整后正常。

维修案例 47：异物影响尖轨密贴

13 号线某某站，11#、13#、15#、4#道岔转辙机设备检查。

（1）11#道岔尖轨有反弹，现场调整后正常。

（2）11#道岔溶雪装置影响伸出侧尖轨的密贴，尽快找有关单位联系解决。

（3）13#、15#、4#道岔转辙机设备清扫、注油和调整基本正常，如图 5-58 与图 5-59 所示。

图 5-58　异物影响尖轨密贴　　　　　图 5-59　调整后

维修案例 48：2 mm 不锁闭

7 号线某某站，4#/5#道岔转辙机设备检查。

4#道岔调整 2 mm 不锁闭情况，通过减少 1 个密贴调整片后正常。

维修案例 49：大角钢安装螺栓松动

15 号线某某站，2#/3#道岔转辙机设备检查。

（1）2#/3#道岔转辙机清扫和润滑正常。

（2）2#道岔的 J2 大角钢安装螺栓松动，扳动时有大角钢窜动现象，紧固后正常。

维修案例 50：尖轨密贴力大

某线某某站，17#/18#道岔转辙机设备检查。

（1）17#道岔转辙机 A 机试验 4 mm 时无摩擦空转，建议 A 机整机更换。

（2）18#道岔反位拉入侧尖轨在两牵引点之间密贴力大，影响岔尖密贴，需要找工务调整或更换尖轨，如图 5-60 所示。

图 5-60　尖轨密贴力大

维修案例51：锁钩轴套旷量大

某某线某某站，1#/2#道岔转辙机设备检查。

（1）2#道岔拉入侧锁钩轴套旷量大，需要更换，如图5-61所示。

（2）1#/2#道岔转辙机清扫、注油和调整基本正常。

图5-61　锁钩轴套旷量大

维修案例52：山字铁销孔和销子磨损严重

7号线某某站，2#/3#道岔转辙机设备检查。

（1）2#道岔转辙机清扫、润滑和调整正常。

（2）3#道岔第三连接杆的山字铁销孔和销子磨损严重，旷量达5 mm，需要找工务更换。它影响定位第二连接杆和第三连接杆位置的密贴，如图5-62~图5-64所示。

图5-62　山字铁销孔磨损严重，旷量大　　图5-63　销子磨损有旷量　　图5-64　销子磨损严重

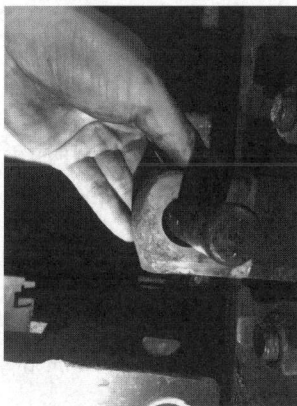

维修案例53：尖轨不密贴

15号线某某站，6#/7#道岔转辙机设备检查。

（1）6#道岔密贴表示调整基本正常，清扫、注油正常。

（2）7#道岔尖轨的定位在两牵引点中间有鼓肚现象，影响4 mm调整，需要找工务处理或更换尖轨。清扫、注油正常。

维修案例54：接头螺栓无调整余量

13号线某某站，1#/4#道岔转辙机设备检查。

（1）1#道岔转辙机清扫、注油和调整基本正常。

（2）4#道岔调整定反位密贴力，现场调整后正常。

（3）4#道岔尖轨跟端活接头紧，螺栓无调整余量，需要找工务更换，如图 5-65 所示。

图 5-65　接头螺栓无调整余量

维修案例 55：尖轨与基本轨密贴不好缝隙大

7 号线某某站，2#/3#道岔转辙机设备检查。

（1）2#道岔转辙机清扫、注油和调整正常。

（2）3#道岔尖轨第二连接杆、第三连接杆之间与基本轨密贴不好，缝隙大，需要找工务调整。

维修案例 56：尖轨有反弹

9 号线某某站，3#/8#道岔转辙机设备检查。

（1）3#/8#道岔转辙机密贴表示正常，清扫、注油正常，2 mm 和 4 mm 正常。

（2）3#道岔拉入位尖轨有反弹，第二连接杆位置密贴力大，需要找工务调整。

维修案例 57：调整尖轨反弹

9 号线某某站，调整 3#道岔尖轨反弹情况。

（1）配合工务调整 3#道岔尖轨反弹情况，减少第二连接杆的一个 2 mm 山字铁后正常。

（2）调整后 3#道岔密贴表示正常，2 mm、4 mm 试验正常。

维修案例 58：摩擦联结器故障

15 号线某某站，3#道岔尖轨 1 转辙机摩擦联结器故障。

（1）现场试验 2 mm 时不锁闭，并且在转换过程中有停顿现象的发生。

（2）手摇检查摩擦空转时摩擦力小，连续调摩擦联结器 12 个齿后（一圈）所增加的摩擦力不明显，并且摩擦空转时有颤抖声音，因此判断为摩擦联结器故障。

（3）处理办法：整机更换摩擦联结器。

维修案例 59：振动时阻力大

10 号线某某站，10#、9#、4#、3#道岔检查。

（1）10#、9#、4#、3#道岔清扫和注油正常，密贴和表示正常，2 mm、4 mm 试验正常。

（2）9#道岔第二连接杆有收窄情况，扳动时阻力大，需要找工务调整。

维修案例 60：锁钩轴套旷量大

某某线某某站，17#/18#道岔设备检查。

（1）17#道岔清扫、注油和调整正常。

（2）18#道岔现场调整 4 mm 后正常，A 机拉入位锁钩轴套旷量大，需要更换。

维修案例 61：摩擦联结器有问题

某某线某某站，3#/6#道岔转辙机设备检查。

（1）3#道岔 A 机在现场试验 2 mm 时不锁闭，手摇检查摩擦空转时摩擦力小，连续调整增加摩擦联结器 8 个齿的力后（一圈），所增加的摩擦力不明显。但是再次试验 2 mm 时能锁闭了。因此判断摩擦联结器还存在问题。建议 3 日内进行整机更换处理，送检修所分解检查。

（2）6#道岔转辙机清扫、注油和调整正常。

维修案例 62：方钢的连接销有旷量

10 号线某某站，18#、16#、13#、11#道岔转辙机设备检查。

（1）18#、16#道岔清扫、注油和调整基本正常。

（2）13#道岔方钢的连接销有旷量，需要找工务处理。

（3）11#道岔反位有反弹，第二连接杆处不密贴，将第二连接杆螺栓松开后有缝隙，说明第二连接杆处需要加山字铁进行调整，找工务来处理。

维修案例 63：解锁时反弹

7 号线某某站，2#/3#道岔转辙机设备检查。

（1）3#道岔定位解锁时出现反弹的情况。对尖轨顶铁、第三连接杆、第二连接杆、第一连接杆都进行了加减片调整，使各处密贴力都合适，反弹情况基本消除，试验 2 mm、4 mm、摩擦力正常。

（2）2#道岔清扫、注油和调整正常。

维修案例 64：连接销旷量大

5 号线某某站，2#/3#道岔转辙机设备检查。

（1）2#道岔密贴表示正常，第三连接杆连接销处旷量大，如图 5-66 所示。需要找工务更换、调整。

（2）3#道岔转辙机清扫、注油和调整正常。

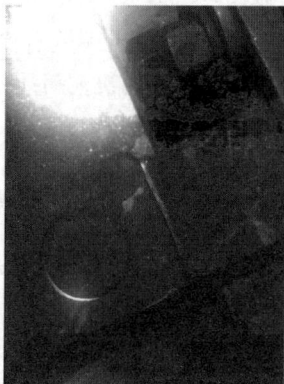

图 5-66 连接销旷量大

维修案例 65：测试转换力、摩擦力

10 号线某某站，9#、10#、3#、4#道岔转辙机设备检查。

（1）9#、10#、3#、4#道岔转辙机清扫、润滑和调整正常。

（2）试用 ZDJ9 手摇式测力仪进行测试。

（3）9#道岔转换力 2.6 kN、摩擦力 6.8 kN。

（4）10#道岔转换力 3.0 kN、摩擦力 5.8 kN。

（5）3#道岔转换力 3.0 kN、摩擦力 7.4 kN。

（6）4#道岔转换力 2.4 kN、摩擦力 9.0 kN。

维修案例 66：连接杆旷量大

13 号线某某站，13#/15#道岔转辙机设备检查。

（1）15#道岔尖轨第一连接杆连接旷量大，并且有反弹。尽快找工务先解决第一连接杆旷量问题，再调整尖轨反弹的问题（反弹加旷量是较大的故障隐患）。

（2）13#道岔基本正常。

维修案例 67：测量转换力和摩擦力

15 号线某某站，2#/3#道岔转辙机设备检查。

（1）2#/3#道岔清扫、注油和调整正常。

（2）使用手摇式测力仪测量转换力和摩擦力。

（3）3#道岔 A 机摩擦力 6 kN，手摇式测力仪 1.8 kN，电拉力测试仪 1.6 kN，断 A 机启动电源，使用应力测试仪测试 2.16 kN（被动），3#道岔 B 机摩擦力 6 kN。

（4）4#道岔 A 机摩擦力 5 kN，4#道岔 B 机摩擦力 11 kN。

（5）2#道岔 A 机摩擦力 4 kN，2#道岔 B 机摩擦力 6 kN。

维修案例 68：尖轨跟端螺栓问题

5 号线某某站，2#/3#道岔设备检查。

（1）2#道岔密贴表示正常，转辙机清扫、润滑、调整正常。

（2）3#道岔反位解锁尖轨反弹，尖轨跟端螺栓紧，但螺栓短，没有调整余量；第二连接杆位置不密贴，增加第二连接杆处密贴力后反弹有所改善。

（3）需要找工务调整尖轨跟端螺栓问题。

维修案例 69：尖轨不密贴

某某线某某站，3#道岔存在问题检查。

（1）3#道岔 J1 和 J2 的表示杆在列车通过时出现撞击检查柱的现象，它是由于 J1、J2 牵引点之间不密贴，有 2~3 mm 的缝隙，过车时尖轨被挤压带着表示杆左右移动造成的。

（2）3#道岔 J1、J2 牵引点处的密贴和表示调整正常。

（3）3#道岔 J2 的开程和尖轨顶铁进行了微调。

（4）3#道岔定位密贴尖轨的曲线存在问题，通过调整也改变不了，只能找工务处理解决。

维修案例 70：第三连接杆旷量大

2 号线某某站，1#、2#/4#道岔转辙机设备检查。

（1）1#、2#/4#道岔转辙机清扫和注油基本正常。

（2）4#道岔第三连接杆旷量大，有 4~5 mm，找工务处理，如图 5-67 所示。

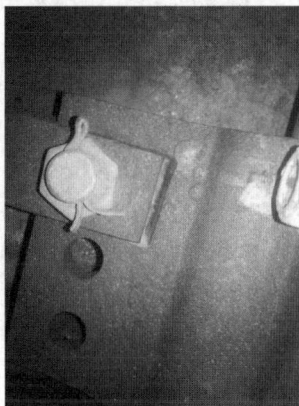

图 5-67　道岔第三连接杆旷量大

维修案例 71：尖轨跟端顶铁缝隙大

某某线某某站，3#/6#道岔转辙机设备检查。

（1）3#道岔调整第二牵引点密贴，定位增加 5 mm、反位增加 7 mm 调整片后正常。

（2）3#道岔伸出位（反位）在第一牵引点、第二牵引点之间不密贴，有 3~4 mm 缝隙，需要找工务处理。

（3）3#道岔第二牵引点伸出位锁钩轴套旷量大，如图 5-68 所示，需要更换。

（4）3#道岔转辙机摩擦联结器在增加 4 个齿后摩擦力增加只有 200 N，摩擦力增加不明显，建议整机更换。

（5）3#道岔拉入位尖轨跟端顶铁缝隙大，有 4~5 mm，需要找工务调整，如图 5-69 所示。

图 5-68　锁钩轴套旷量大

图 5-69　尖轨跟端顶铁缝隙

维修案例 72：滑床板吊板

10 号线某某站，9#、11#、13#道岔转辙机设备检查。

（1）9#道岔伸出位第二连接杆处不密贴，有 2~3 mm 缝隙。

（2）11#道岔拉入位第二连接杆处有 2~3 mm 缝隙。

（3）13#道岔滑床板存在吊板，有连续的 4~5 块吊板情况。现在只有第 1 块和第 4 块支撑尖轨，其他 9 块均处于吊板状态。

（4）13#道岔伸出位两处缝隙较大，有 4~5 mm 缝隙。以上情况需要联系工务处理。

（5）11#道岔转辙机调整摩擦联结器反转情况，调整后正常。

维修案例 73：尖轨不密贴

15 号线某某站，6#/7#道岔转辙机设备检查。

（1）6#道岔反位尖轨在第一、第二牵引点之间有鼓肚现象。

（2）7#道岔的反位尖轨，在第一、第二牵引点都已经密贴的情况下还有 2~3 mm 缝隙，如图 5-70 所示。以上两个尖轨存在的问题，需要找工务处理。

（3）6#/7#转辙机清扫和润滑正常。

图 5-70　尖轨不密贴

维修案例 74：动接点磨损

某线某某站，17#/18#道岔转辙机设备检查。

（1）17#道岔第二牵引点转辙机的定、反位摩擦联结器有反转现象，现场调整反位增加 3 mm、定位增加 4 mm 密贴调整片，在这种情况下跑几天车后，继续逐步加片直至摩擦联结器不反转或有轻微反转为止，以此防止断表示的可能性。

（2）17#/18#道岔转辙机动接点磨损较严重，需要更换，如图 5-71 所示。

图 5-71　动接点磨损

维修案例 75：尖轨有缝隙

13 号线某某站，1#/4#道岔转辙机设备检查。

（1）1#道岔转辙机清扫、润滑、调整正常。

（2）4#道岔岔尖定位侧有 1 mm 左右的缝隙，已联系好工务进行整治，如图 5-72 所示。

图 5-72　尖轨有 1 mm 缝隙

维修案例 76：滑床板磨损

2 号线某某站，1#/3#、2#道岔转辙机设备检查。

（1）1#/3#、2#道岔都存在滑床板磨损严重的问题。联系工务解决。

（2）1#/3#、2#道岔转辙机注油润滑存在的问题，现场整改。

（3）1#/3#、2#道岔密贴和表示调整正常，如图 5-73 与图 5-74 所示。

图 5-73　道岔密贴正常

图 5-74　道岔表示正常

维修案例 77：尖轨跟端活接头紧

5 号线某某站，6#道岔存在的问题有 3 点。

（1）6#道岔尖轨跟端活接头紧，造成道岔转换阻力大，将螺栓适度松开以后，道岔就能正常扳到位。

（2）6#道岔尖轨滑床板干涩，阻力大，注油处理后摩擦阻力减小。

（3）6#道岔尖轨跟端大垫板焊接处出现裂缝，说明此处工况环境比较差，改变了原有的正常工况。

（4）以上3点是造成6#道岔转换不到位的综合原因。如图5-75~图5-77所示。

图5-75　尖轨跟端活接头紧、有裂缝

图5-76　滑板床锈蚀

图5-77　大垫板焊接处裂缝

维修案例78：方钢销轴旷量大

13号线某某站，12#/14#、15#/17#道岔转辙机设备检查。

（1）12#/14#、15#/17#转辙机清扫和注油基本正常，密贴和表示正常。

（2）12#/14#、17#道岔都存在方钢销轴旷量大的问题，如图5-78所示。扳动时有3~4 mm的位移，需要找工务处理。

（3）12#/14#、15#/17#道岔都存在第二连接杆处密贴不实的情况，有1~2 mm的缝隙，需要找工务配合调整。

图5-78　方钢销轴旷量大

维修案例79：摩擦联结器反转

10号线某某站，18#、12#、16#道岔转辙机设备检查。

（1）16#道岔转辙机有摩擦联结器反转带动推板套回弹现象。现场进行了增加密贴力和减小摩擦力的调整。调整后反转情况消除，2 mm、4 mm 试验正常，密贴表示正常。

（2）12#、18#道岔转辙机清扫、注油和调整基本正常。

维修案例 80：减少密贴调整片

8 号线某某站，3#、5#/8#道岔转辙机设备检查。

（1）3#道岔无 2 mm，通过减少尖轨 1 的一个 0.5 mm 的密贴调整片后正常。

（2）8#道岔无 2 mm，通过增加尖轨 1 的摩擦联结器 5 个齿后正常（今后要注意摩擦力的变化）。

（3）3#、5#/8#道岔转辙机清扫、注油和调整基本正常。

维修案例 81：机坑有水

7 号线某某站，2#、3#道岔转辙机设备检查。

（1）2#、3#道岔转辙机机坑均有很多水，2#道岔尤其严重，工人每天都在清淘，如图 5-79 所示。

（2）2#道岔转辙机 2mm、4mm 正常，但在拉入位时摩擦联结器有反转现象，工区应注意观察。

（3）3#道岔转辙机在摇动检查摩擦力时发现摩擦联结器内有异响，正常转换时无声，工区应注意多观察。

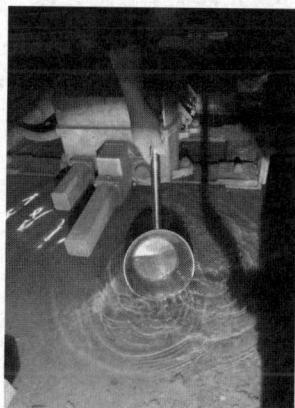

图 5-79 机坑有水

维修案例 82：滑床板磨损

15 号线某某站，2#/3#道岔转辙机设备检查。

（1）3#道岔反位尖轨密贴后，在两牵引点之间有 5~6 mm 的缝隙，需要找工务处理。

（2）3#道岔定位，尖轨在斥离状态时，只有第 1 块滑床板支撑尖轨，所以磨损严重，需要找工务调整第 2~6 块滑床板的支撑受力情况及更换第 1 块滑床板，如图 5-80 与图 5-81 所示。

（3）2#道岔转辙机清扫、润滑和调整正常。

图 5-80 尖轨斥离状态

图 5-81 更换滑床板

维修案例83：减少山字铁处调整片

10号线某某站，3#、4#、9#、10#道岔转辙机设备检查。

（1）10#道岔定位有反弹，原因是第三连接杆处比岔尖先密贴且密贴力大于岔尖，需要找工务减少第三连接杆山字铁处调整片。

（2）4#道岔调整定位、反位4 mm，调整后正常。

（3）3#、9#道岔转辙机清扫、注油和调整正常。

维修案例84：尖轨密贴不实

7号线某某站，4#/5#道岔转辙机设备检查。

（1）4#/5#道岔存在尖轨2牵引点密贴不好的情况，有5~10 mm缝隙，在调整时需要分几次逐步增加密贴调整片，以不出现解锁时反弹为准。

（2）5#道岔反位表示杆与调整杆的连接销轴有1 mm的旷量，要及时更换有关配件。不能长期存在尖轨2牵引点密贴不实的情况，此问题的存在会造成过车时振动，磨损有关器件造成故障，如图5-82所示。

图5-82　尖轨密贴不实

维修案例85：解锁反弹

8号线某某站，3#/8#道岔转辙机设备检查。

3#道岔和8#道岔尖轨定位在解锁时都有轻微反弹，需要找工务对第二连接杆和第三连接杆进行调整。

维修案例86：摩擦联结器调整

8号线某某站，1#/4#道岔转辙机设备检查。

（1）试验1#道岔转辙机摩擦空转，摩擦力小，为4 kN，调整后正常，试验2 mm、4 mm正常。

（2）试验4#道岔转辙机摩擦空转，摩擦力大，为11.5 kN，调整后正常，试验2 mm、4 mm正常。

（3）日常维修中要经常进行摩擦空转试验，发现问题及时调整；这样也能检查摩擦联结器是否正常，正常的摩擦联结器随着调整，摩擦力会跟着发生变化，否则就是不正常的摩擦联结器。

维修案例 87：2 mm 不锁闭

某某线某某站，17#/18#道岔转辙机设备检查。

（1）18#道岔转辙机清扫、注油和调整正常。

（2）17#道岔试验 2 mm 时不锁闭，原因是摩擦联结器摩擦力小。现场调整摩擦力，逐步加力，达到 12 个齿后，实现了 2 mm 锁闭、4 mm 不锁闭的标准。

（3）对于摩擦力调整不敏感的摩擦联结器，应考虑摩擦联结器失效的可能。所以近期注意观察 17#道岔 A 机摩擦力的变化，建议更换 A 机返所检修。

维修案例 88：摩擦力小

8 号线某某站，5#/8#道岔转辙机设备检查。

8#道岔 2 mm 不锁闭，原因是尖轨 1 转辙机摩擦力小造成的，现场调整后正常。

维修案例 89：锁轴旷量大、顶铁缝隙小

某某线某某站，1#/2#道岔转辙机设备检查。

（1）调整 1#道岔尖轨 1 转辙机摩擦力小的问题，从 3.2 kN 调到 4.4 kN。

（2）调整 1#道岔尖轨 2 处密贴缝隙大的问题，增加了 2 mm 密贴调整片。

（3）1#道岔尖轨顶铁缝隙小需要找工务调整，如图 5-83 所示。工务调整之后可继续增加密贴调整片。

（4）调整 2#道岔尖轨 2 拉入位尖轨密贴缝隙大的问题。进行了初步调整，加 1 mm 调整片，以后逐步增加密贴调整片。

（5）2#道岔尖轨 1 表示杆接头锁轴旷量大，需要更换，如图 5-84 所示。

图 5-83 顶铁缝隙小

图 5-84 锁轴旷量大

维修案例 90：大角钢 L 铁螺栓断裂

9 号线某某站，3#/8#道岔转辙机设备检查。

（1）8#道岔转辙机清扫、润滑和调整正常，2 mm、4 mm 实验正常。

（2）3#道岔在检查道岔安装装置的过程中，发现大角钢 L 铁安装螺栓断了一根，更换后正常。对此近期要重复检查，并做好分解清扫检查工作，如图 5-85 所示。

（3）防止大角钢 L 铁螺栓断裂的方法有：L 铁螺栓分解（卸力）、互换 L 铁安装位置，改变共振点等。

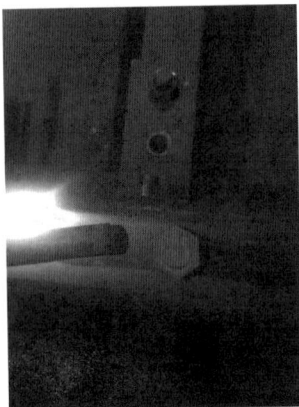

图 5-85　大角钢 L 铁安装螺栓断裂

维修案例 91：方钢销轴有旷量

10 号线某某站，11#、13#、16#、18#道岔转辙机设备检查。

（1）13#和 16#道岔方钢销轴有旷量，需要找工务人员配合处理。

（2）18#道岔反位第二连接杆处密贴有 2~3 mm 缝隙，需要找工务人员配合处理。

维修案例 92：摩擦联结器反转

15 号线某某站，2#/3#道岔转辙机设备检查。

（1）3#道岔尖轨 2 转辙机摩擦联结器有反转现象，尖轨与基本轨有 4~5 mm 缝隙，经过调整伸出位正常，拉入位由于尖轨顶铁已经顶住尖轨无法继续调整密贴，需要找工务处理顶铁问题。

（2）2#道岔转辙机清扫、注油和调整正常，2 mm、4 mm 实验正常。

维修案例 93：顶铁顶死现象

10 号线某某站，3#、4#、9#、10#道岔转辙机设备检查。

（1）10#道岔转辙机清扫、润滑、调整基本正常。

（2）9#道岔转辙机摩擦联结器有反转现象并且没有 4 mm。

（3）现场调整并对员工进行培训，首先增加密贴力，增加后仍然有反转现象。于是试验摩擦力，由于摩擦力大，故减小 3 个齿的摩擦力，调整后试验摩擦联结器反转消失，试验 2 mm、4 mm 正常。最后检查并调整表示缺口。通过这个问题可以发现，当摩擦联结器反转时，有两个方法可以调整，第一是增加密贴力，第二是减小摩擦力，具体情况应通过试验来判断。最后调整表示缺口时，可以观察大概差了多少，比如差了 1 mm，螺纹间距是 1.5 mm 左右，螺母为 6 个面，那么就能推算出调整 4 个面的螺母就能使表示缺口正常。

（4）9#道岔拉入位第二连接杆尖轨有 1 mm 缝隙，需要找工务配合调整。

（5）9#道岔定位、反位尖轨各有一块顶铁有顶死现象，如图 5-86 所示，需要找工务处理。

（6）4#道岔拉入位摩擦联结器有反转现象，增加拉入位 1 个齿的密贴力后正常。

（7）3#道岔转辙机摩擦联结器有反转现象，首先伸出位增加一个齿的密贴力，如图 5-87 所示。增加后仍然有反转现象，之后手摇试验摩擦力大，减小 3 个齿摩擦力后反转现象消失，试验正常。

图 5-86　顶铁顶死现象

图 5-87　增加密贴力

维修案例 94：转辙机内锁闭杆动程短

某某线某某站，转辙机检查。

根据现场分析，是由于转辙机内锁闭杆动程短，开程调整到上限，造成道岔在拉入侧还未密贴的情况下，锁闭杆的动程已经到达极限，此时动作杆还在移动，锁闭杆已经无法移动，内外杆接点铁已经顶在机壳外的方孔套上了。造成外部调整连接杆异常弯曲现象，判断是锁闭杆动程小造成的，现场使用的是 75 型号的，应该使用 85 型号的。这个站的转辙机使用的表示杆尺寸都不对，需要更换。

维修案例 95：安装装置螺栓松

8 号线某某站，6# 道岔转辙机检查。

（1）6# 道岔安装装置螺栓松，导致没有 4 mm。

（2）6# 道岔转辙机扳动时发现电机的减速器盒有晃动情况，重新紧固后正常。

维修案例 96：转辙机表示杆后盖圆桶松动脱落

1 号线某某站，5# 道岔转辙机检查。

5# 道岔转辙机表示杆后盖圆桶松动脱落，如图 5-88~图 5-90 所示。

图 5-88　表示杆后盖圆
桶松动脱落 1

图 5-89　表示杆后盖圆
桶松动脱落 2

图 5-90　表示杆后盖
圆桶松动脱落 3

维修案例 97：尖轨有二次移动，摩擦联结器工作异常

15 号线某某站，3#道岔转辙机设备检查。

（1）3#道岔在试验 2 mm 时，A 机定反位尖轨均有二次移动现象。

（2）3#转辙机检查摩擦力是 4.4 kN，在正常范围。

（3）3#道岔 A 机的二次移动是由于长期跑反位单边，定位尖轨不用造成的（建议的解决办法是找工务把定位尖轨更换成一条跑过车的旧尖轨）。

（4）3#转辙机增加 3 个齿的摩擦力，并减少定反位各 0.5 mm 密贴片后，A 机的二次移动现象消失，恢复正常。调整完后试验道岔正常，2 mm、4 mm 正常，密贴表示正常。

（5）3#道岔 A 机在手摇摩擦空转的过程中，摩擦联结器有异响，分析原因可能由于摩擦力功率输出是间歇式的，不是连续的，所以声音有异常。注意观察该机的变化情况，以便及时采取相应措施，如图 5-91~图 5-94 所示。

图 5-91　尖轨 2 处停顿（停）

图 5-92　尖轨 2 处停顿（动）

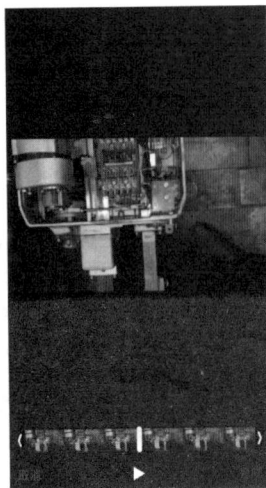

图 5-93　动作杆移动停顿

图 5-94　摩擦联结器空转

维修案例 98：转辙机动、静接点磨损

9 号线某某站，8# 道岔转辙机设备检查。

（1）8# 转辙机动、静接点磨损比较严重，并且在动接点表面有氧化现象发生，现场进行了更换处理，如图 5-95 与图 5-96 所示。

（2）8# 道岔密贴表示正常，试验 2 mm、4 mm 正常。

图 5-95 动、静接点磨损严重

图 5-96 动接点表面氧化

第六章　道岔转换控制设备故障案例

本章介绍道岔转换控制设备故障案例共 49 个，其中销子 8 个，自动开闭器 9 个，熔断器 3 个，摩擦联结器 3 个，整流盒 5 个，断相保护器 3 个，电机 3 个，异物 2 个，变压器 1 个，继电器 1 个，其他 16 个。故障案例对每个故障进行了一一描述，并配有 15 张相应的现场照片。

故障案例旨在让学习者能够进行反向思维，从另一方面对设备工作状态进行理解，使学习者能够通过这些案例拓展眼界，激发无限的想象力。

故障案例 1：道岔无表示

5 号线某某站，2# 道岔发生表示内杆与表示外杆连接销的开口销断裂，如图 6-1 所示。道岔无表示故障。

造成开口销断裂的原因有以下几种。

（1）此开口销存在反复砸直使用的现象，使其受伤。

（2）在使用中，开口销不是双侧掰开角大于 60°。

（3）外表示杆与内表示杆接头处磨损有旷量，过车时振动。

（4）把现场 4 组道岔所有开口销更换成新的，并且双侧掰开角度大于 60°。

（5）限期更换有旷量的外表示杆和接头铁。

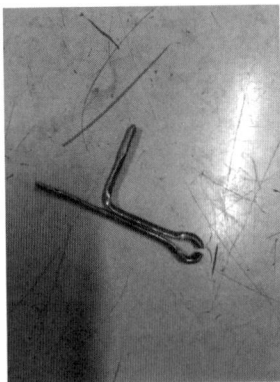

图 6-1　开口销断裂

故障案例 2：反位无表示

9 号线某某站，1#/4# 无反位表示故障。

（1）原因是 1# 表示杆接头销子旷量大造成卡口，如图 6-2 所示。

（2）现在已经更换了新的表示杆接头和尖端铁，调整后正常。

图 6-2　表示杆接头销子旷量大

故障案例 3：道岔显示四开

5 号线某某站，2#/3# 道岔显示四开故障。

查找原因及处理情况。

（1）查看 2#/3# 道岔组合配线和检查继电器插座情况未见异常。

（2）更换两个道岔组合的 1DQJ 和 2DQJ 继电器（还有一天就到更换周期），接点有疵黑氧化现象。

（3）3#转辙机转换至定位后摩擦联结器有反转现象，增加一个花口密贴力后正常，此调整是防止摩擦联结器反转断表示的故障发生。

（4）2# 道岔一杆旷量大，需要找工务调整。

故障案例 4：反位表示缺口卡口

8 号线某某站，故障复查情况。

（1）扳动试验检查反位表示口，与白天抢修时调整的表示口未发生变化。

（2）检查反位 2~6 滑床板掉板。

（3）重新紧固转辙机及机内自动开闭器各螺栓未见异常。

（4）多次扳动试验时发现内外动作连接杆在扳动过程中，在连接销处有 2 mm 左右的旷量，对此处进行分解，发现存在旷量为动作杆与连接销间的旷量，与既有备件对比，连接销无异常，动作杆的销孔与备件比偏大，需进行更换，为保证线上转辙机设备的整体性，建议现场更换整个转辙机。

故障案例 5：反位表示跑口

5 号线某某站，2# 道岔反位故障进行现场分析排查。

（1）三杆后边的顶铁顶死尖轨。

（2）二杆位置的尖轨不密贴基本轨，增加 7 mm 调整片后才密贴。

（3）一杆位置尖轨密贴于基本轨。

（4）上述 3 点就造成了 2# 道岔反位尖轨中部空（不密贴基本轨），当过车时，车轮连续撞击尖轨，造成了尖轨抖动，作用在岔尖上就带着表示杆左右移动，所以就发生了表示跑口的故障。

故障案例 6：动接点、静接点故障

某某线某某站，4#反位道岔故障复查。

（1）原因是自动开闭器动接点、静接点配合较紧，造成道岔转换到位后，动接点不动，不能接通反位表示电路。

（2）更换动接点、静接点。

（3）此次故障应该吸取的教训。

① 每次执表时把动接点、静接点擦拭干净。

② 对现有接点的情况，当发现有磨损不光滑的问题发生时要及时更换，保证其断开和接通顺畅。

③ 检查柱（锁闭柱）与接点座接触立面要保持清洁润滑，常注油，减少阻力，如图 6-3 与图 6-4 所示。

图 6-3 保持清洁　　　　　　　图 6-4 注油

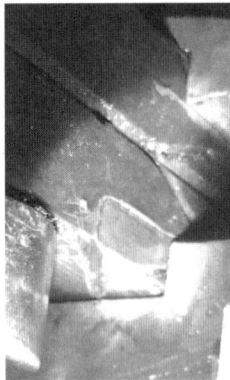

故障案例 7：三相电空开故障

某某线某某站，1#道岔故障处理。

（1）1#道岔故障原因是 J1 继电器组合的三相电空开故障，造成无启动电源，更换后正常。

（2）室外试验查找过程中还发现 1#道岔的 J1 摩擦联结器摩擦力过大，现场进行摩擦联结器调整，把调整余量都用尽了，只是降低到 12 kN，所以把 1#转辙机和 6#转辙机对换。换后正常。

（3）在近期应该将 6# J1 转辙机再次进行更换返所检修，如图 6-5 所示。

故障案例 8：摩擦联结器力大

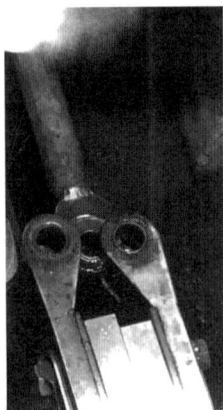

图 6-5　6# J1 转辙机

15 号线某某站，6#/7#道岔故障原因分析。

（1）通过查看录像回放，确定是 7#道岔 J1 定位表示电路故障。

（2）通过手摇摩擦空转，发现 7# J1 摩擦力大。通过减少摩擦联结器 7 个齿后摩擦力正常。

（3）现场对 7# J1 定位侧开程进行调整，增加了 5 mm 开程片，减少了 1 mm 密贴片，等于增加了密贴力，调整后 2 mm、4 mm 试验正常。

（4）室内预防性更换相关继电器和查看插座，检查室内、室外有关配线和绝缘。

（5）通过现场查找，目前重点怀疑是摩擦联结器力大，造成断定位表示故障。所以进行了上述的减小摩擦力和增加密贴力的调整，以此来防止再次断表示故障的发生。

故障案例 9：销子、销孔磨损

1 号线某某站，2# 道岔故障。

2# 道岔是复式交分道岔，曾经出现过过车后再次扳动道岔时，回不来表示的偶发故障，进行现场调查处理。

（1）工务杆件存在旷量较大，尤其是 1 杆、2 杆的销轴旷量最大，有 4~5 mm。

（2）现场让工务人员更换 2# 道岔的 2 个一杆连接销，拆下后看到销子磨损程度严重。两个连接销都有 1 mm 左右的磨损。

（3）更换一杆两个连接销后，调整密贴和表示基本可以保证使用。

（4）现在还存在工务的一杆、二杆和山字铁销孔磨损的问题，还有尖端杆旷量，需要后续继续更换。

（5）2# 道岔为了"吃"掉旷量，所以现在调整的密贴力较大。在这种情况下，就要注意主挤切销的受力情况（临时先将主销更换成新的），如图 6-6~图 6-8 所示。

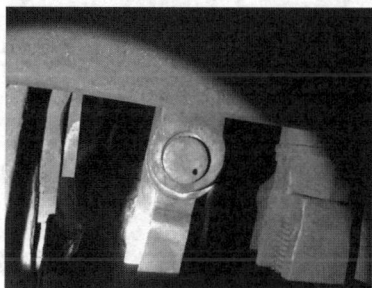

图 6-6　工务杆件旷量较大

图 6-7　方钢销子磨损情况图 1

图 6-8　方钢销子磨损情况图 2

故障案例 10：摩擦联结器反转

7 号线某站，4# 道岔故障。

（1）B 机摩擦联结器有反转现象，但是没能使故障再现。

（2）A 机摩擦力小，而且空转摩擦时有异常响声，建议对 A 机整机更换。

（3）对 A 机、B 机的调整情况如下。

① A 机摩擦力小，增加 7 个齿摩擦力，调整前 3.2 kN，调整后 4.6 kN。

② B 机摩擦力小，增加 2 个齿摩擦力，调整前 6.8 kN，调整后 7.0 kN。

③ B 机调整密贴力，定位加 4.5 mm 密贴调整片，反位加 3 mm 密贴调整片。

（4）调整后第二牵引点（B 机）尖轨与基本轨密贴情况好转，摩擦联结器反转情况好转。

故障案例 11：整流盒

某某线某某站，1#/4#道岔挤岔报警故障。

（1）故障原因是 1#B 机整流盒故障。

（2）现场分线柜测量，故障时 1#B 机端子交流 46 V、直流 13 V。

（3）更换整流盒后电压值恢复正常，分别是交流 60 V、直流 22 V。

故障案例 12：锁钩有异物

某某线某某站，反位向定位不能扳动故障。

（1）通过询问故障处理人员，得知是在反位向定位扳的途中出现不能扳动现象，也就是反位已经解锁。故障时是在发生卡住不能动的时候用力敲打锁钩才恢复正常的，如图 6-9 所示。

（2）到现场后手摇试验摩擦力正常，密贴表示也正常，在手摇情况下，观察外锁闭装置动作过程也未发现异常情况，所以初步判断不是调整问题。之后在锁钩附近发现一些黑色块状物体（怀疑是列车掉落物体），如图 6-10 所示。得知故障处理人员在故障当时也是从锁钩上清理出来过这些物体。通过检查也发现在锁钩和锁闭铁上有对应的划痕，所以判断是这些物体意外卡阻造成的反位往定位不能扳动的故障原因。

（3）现场处理情况，对外锁闭装置进行分解拆装注油，对有划痕的锁闭铁和锁钩要求下个班进行更换处理，以保证锁闭和解锁过程工作正常。

图 6-9　锁钩卡住

图 6-10　锁钩黑色块状异物

故障案例 13：掉落油泥引发的不锁闭

8 号线某某，8#道岔故障。

（1）故障现象是 8#道岔 J1 定位到反位不能锁闭，看电流和功率曲线图也证实了 4 s 后进入摩擦空转，直到 14.6 s 保护切断启动电路。

（2）现场情况调查：手摇试验摩擦力 5 kN 摩擦力正常。查看密贴情况发现反位尖轨与基本轨之间沾有大量油泥，外部和轨底也残留条块状软性油泥。前一天检查并未发现有油泥，怀疑是当天运营期间车轮带过来的，由于有油泥相当于增加了密贴力，出现不能锁闭的情况。在调整上没有问题，之后的试验也证实了这一点。现场清理油泥后，试验 2 mm 能正常锁闭。

（3）故障原因就是反位尖轨与基本轨之间沾有大量油泥，导致 8# 道岔 J1 定位到反位发生不能锁闭的故障。

故障案例 14：配线插针断线

9 号线某某站，1# 道岔故障。

（1）1# 道岔双侧基本轨波磨现象比较严重，如图 6-11 与图 6-12 所示。它可能造成过车时振动，这个岔区振动是造成机内配线插针断线、安全接点连动轴旷量和小角钢断裂的原因。

（2）为避免其他隐患存在，对 1# 转辙机进行整机更换处理。

（3）现在的当务之急是联系工务处理波磨问题。因为长期过车振动，还会继续带来各种道岔故障隐患。

图 6-11　基本轨波磨 1　　　　　图 6-12　基本轨波磨 2

故障案例 15：挤岔

某某线某某站，6# 道岔挤岔。

（1）现场发现 6# 道岔 A 机定位（伸出位）锁钩销轴被轻度挤弯，影响定位密贴和表示，且 A 机锁钩处尖轨也有轻度变形，如图 6-13 所示。B 机锁钩处未见异常。白天挤岔发生后，现场人员已将被挤 B 机的挤脱器恢复正常。

（2）现场分析处理：由于锁钩销轴可以转动，就有可能发生两个极端位置，一个是弯曲点远离密贴位，另一个是弯曲点接近密贴位。那么就会带着锁钩也出现两个锁闭位置，一个是松，一个是紧。所以紧急从邻站调配过来一个锁轴进行更换处理。然后又对道岔尖轨的开程、密贴和表示重新进行调整。调整后试验正常。复查 3# 道岔故障情况，对室内外设备进行检查处理，完成后电扳试验 3#/6# 道岔正常。

ZD6 简介与原理（挤岔原理）

图 6-13　A 机弯曲

故障案例 16：波磨情况处理

9 号线某站，1# 道岔故障。

（1）1# 道岔双侧基本轨波磨现象比较严重，它可能造成过车时振动，这个振动是造成机内配线插针断线、安全接点连动轴旷量和小角钢断裂的原因。

（2）工务人员经过 3 个夜班工作的打磨，波磨情况得到有效解决，如图 6-14 与图 6-15 所示。

图 6-14　打磨前

图 6-15　打磨后

故障案例 17：电机故障

13 号线某某站，2#、3# 道岔无法确认定反位故障。

（1）查看道岔监测，故障现象为当定位向反位扳时，道岔超时未动，造成道岔失去表示，观察室内继电器，发现 1DQJ72-73 和 1DQJ82-83 接点有轻微烧黑现象，更换继电器后，故障未消除。

（2）经过对启动电路的分析，先后更换了 2#、3# 转辙机电机，持续观察故障未再出现。

（3）当晚复查，对转辙机线缆进行遥测，机内各接点接触良好，内外部无卡阻现象，摩擦力和表示缺口均未发现异常。

故障案例 18：整流匣故障

6 号线某某站，3#道岔无定位、反位故障。

（1）车站单扳试验后恢复。

（2）整流匣性能下降。分线柜测量 3#J1 交流 49 V，直流 16 V；表示变压器二次侧电压 108 V，R1 两端电压 53 V，室内电压正常。

（3）更换整流匣后交流电压 63 V、直流电压 23 V。

故障案例 19：自动开闭器故障

1 号线某某站，自动开闭器故障。

（1）通过监测记录和现场查看，20G 绿光带，5#/14#道岔 DBJ 在不停落下、吸起。

（2）现场更换道岔 DBJ 继电器及阻容盒后，故障未恢复。

（3）调整 14#转辙机自动开闭器动接点、静接点接触深度后故障未复现。

故障案例 20：表示缺口卡口

1 号线某某站，1#、2#/4#道岔无法扳至定位故障。

4#转辙机卡口，4#转辙机无法扳动到位。

故障案例 21：外锁闭装置故障

6 号线某某站，3#/5#道岔无法扳至定位故障。

（1）控制权下放车站，试验后恢复。

（2）通过道岔回放，故障时 3#道岔 J1 DBJ 已吸起，3#道岔 J2 DBQ 灯持续闪烁，DBJ 落下，直至 13 s 后切断道岔动作。

（3）到现场查看未发现异常，至停运后故障复查，故障现象也未能复现。

（4）测试转换力、开程、电气指标均正常，检查内锁闭装置无异常。

（5）对外锁闭装置重新拆装油润。

故障案例 22：自动开闭器、动接点、静接点故障

2 号线某某站，22#道岔无反位。

（1）单扳两次后故障恢复，打开转辙机检查未见异常，表示缺口正常。

（2）通过电流曲线判断，存在夹异物的可能。

（3）预防性更换自动开闭器及动接点、静接点组。

故障案例 23：活接头横穿螺栓过紧故障

5 号线某某站，6#道岔四开，且无法手摇道岔故障。

6#道岔活接头横穿螺栓过紧，导致道岔转换阻力过大，导致故障。

故障案例 24：动接点、静接点故障

7 号线某某站，动接点、静接点故障。

（1）41#道岔显示四开无法转换至定位。

（2）故障处理人员到达现场扳动道岔后恢复。

（3）检查室内外未发现问题，测试指标均正常。

（4）预防性更换动接点、静接点。

故障案例 25：1DQJ、2QDJ 故障

2 号线某某站，43#道岔无法扳至反位故障。

（1）道岔表示灯熄灭，道岔无法扳至反位。

（2）室外查看，道岔未转动，对该转辙机接线端子、电机进行检查，未见异常，判断为室内故障。

（3）更换 1DQJ、2QDJ 后故障恢复。

故障案例 26：整流匣故障

8 号线某某站，道岔无表示故障。

（1）上行 F06-SC02 进路建立后，P08 道岔区段进路光带在定位、反位间交替闪动，列车无推荐速度，组织后续列车站前折返。

（2）P08 道岔尖 2 整流匣焊点存在假焊、焊接不实情况，为施工工艺不良。将焊点打磨，重新焊接。

（3）排查所有道岔，发现 P03 道岔有类似情况，已整改。要利用维修时间，对所有道岔整流匣焊点进行排查，并进行重新焊接。

故障案例 27：表示变压器故障

1 号线某某站，9#/10#道岔表示四开故障。

（1）故障原因为 9#道岔的道岔表示变压器一次侧开路。

（2）更换道岔表示变压器。

故障案例 28：动接点故障

某某线某某站，13#/14#道岔表示故障。

（1）13#/14#道岔转换定位失败，反复单扳道岔后恢复。

（2）14#道岔动接点打入静接点深度浅。

（3）更换 2DQJ 及 DBJ 继电器，更换后故障未再发生。

（4）现场检查，扳动中偶发现动接点打入静接点深度略浅，经调整，至停运未再发生故障。

故障案例 29：表示二极管

7 号线某某站，4#/5#道岔无法转换至反位故障。

（1）检查室内 1DQJ、2DQJ、1DQJF，室外表示二极管，设备及各部位连线正常。

（2）预防性更换了室内 4#J2 的 1DQJ、2DQJ、1DQJF。

（3）夜间复查，预防性更换了表示二极管。

故障案例 30：动接点固定螺丝松动

1 号线某某站，6#道岔无表示故障。

（1）中心控制时，无法排列 F1-SC1、SC2-SLZ 直股进路，控制权下放车站办理。

（2）故障原因：6#道岔动接点固定螺丝松动，造成动接点打入静接点不实。

故障案例 31：外锁装置

6 号线某某站，4#/5#道岔无法扳至定位故障。

（1）5#道岔 J2 室内继电器动作正常，室外机械部分故障。

（2）故障时拉入侧无定位，单扳往返后恢复。

（3）测试指标：J2 拉入侧拉力 3 100 N，摩擦力 6 100 N；开程 84 mm，密贴、表示缺口正常。

（4）对 5# 道岔外锁装置进行了拆装。

故障案例 32：表示杆内外连接铁连接螺栓脱扣

10 号线某某站，P07 道岔无法扳至定位故障。

（1）表示杆内外连接铁连接螺栓脱扣，造成表示杆出现位移，造成卡口。

（2）更换后恢复。

故障案例 33：摩擦联结器

某某线某某站，1#、2# 道岔无法扳至反位故障。

（1）摩擦联结器故障。

（2）更换后恢复。

故障案例 34：DBQ

9 号线某某站，3#、8# 道岔无反位故障。

（1）380 V 道岔启动电源断路器断开。

（2）断相保护器 1 路故障，断相保护器显示三相电流增大为 5.1 A（设定记录 5.1 A）实际可能更大，输出电压为 0 V，之后显示 F08 故障代码。

（3）更换断相保护器，送厂家检测。

故障案例 35：动接点、静接点

某某线某某站，4 号道岔失去表示故障。

（1）18G、20G、4-6DG 绿光带，测量电压指标正常。

（2）夜间复查。室外设备配线、二极管均正常。

（3）动接点有磨损。更换动接点、静接点。

故障案例 36：角钢断裂

1 号线某某站，11# 道岔角钢断裂故障。

（1）在更换转辙机时，发现 11# 道岔角钢断裂。

（2）此现象为道岔安装装置检查不到位。

（3）当晚更换角钢，安装转辙机，调试道岔后恢复。

故障案例 37：动接点、静接点

10 号线某某站，5#/6# 道岔无法扳至定位故障。

（1）某某站 1# 联络线无法段下列车，影响下行定位表示，手摇后自复。

（2）5#/6# 电流曲线监测显示，5# 道岔动作正常，6# 道岔电机未得电，判断 6# 转辙机启动电路故障。

（3）检查 5#/6# 转辙机，启动电路通路，自动开闭器接点正常，电缆盒内端子正常，移位接触器接点无异常，测试电机电阻值正常，炭刷接触换向器良好，换向器表面清洁。

（4）更换 5#/6# 道岔动接点、静接点组。

故障案例 38：表示杆有旷量

6 号线某某站，3#、6# 道岔无法扳至定位故障。

（1）3#J2 表示缺口卡口。

（2）现场确认发现锁舌未弹出，道岔未锁闭。

（3）经检查表示杆有旷量，造成卡口。

（4）重新调整后恢复。

故障案例 39：熔断器故障掉落

某某线某某站，1#道岔表示四开故障。

（1）表示电源熔断器故障掉落，闭合空开后恢复。

（2）夜间复查故障预防性更换熔断器。

故障案例 40：密贴力大

15 号线某某站，5#、6#道岔无法扳至反位故障。

（1）夜间复查，故障复现。

（2）故障原因为 6#A 机定位密贴力大，不解锁，当时用锤子敲击锁钩解锁。

（3）现场减小 1 mm 密贴片后，测试密贴力正常。

故障案例 41：表示缺口跑口

某某线某某站，6#道岔无法扳至反位故障。

（1）故障为 6#道岔 A 机表示缺口跑口。

（2）调整表示缺口后恢复。

故障案例 42：滑床板润滑不良

某某线某某站，4#、8#道岔无反位故障；控制权下放后人工排列进路，故障恢复。

（1）4#、8#道岔无反位，综控员单扳定位后，再次排列进路，道岔故障恢复。

（2）查看道岔组合监控录像，8#道岔 A 机、B 机均未转换，30 s 后切断启动电路，造成反位无表示。

（3）反复 4#、8#道岔扳动试验，4#道岔动作正常（防雨棚下，道岔滑床板润滑良好），8#道岔转换卡阻（上方没有防雨棚，经过 4 日夜晚大雨冲刷，造成滑床板缺油，在白天阳光照射下产生铁锈，且在一个白天保持定位状态下，尖轨与基本轨产生粘连）。

（4）判断为 8#道岔滑床板润滑不良造成。

故障案例 43：整流匣

某某线某某站，1#、4#道岔无法扳至反位故障。

（1）1#道岔 B 机整流匣故障。

（2）更换后恢复。

故障案例 44：动接点、静接点

13 号线某某站，1#、4#道岔无定位表示故障。

（1）1#、4#道岔无定位表示。

（2）1#道岔转辙机动接点与第 3 组静接点接触不良，造成 1#、4#道岔无定位表示。

（3）重新调整后，故障恢复。

（4）设备复查，更换 1#道岔转辙机动接点、静接点。

故障案例 45：DBQ

某某线某某站，6#、8#道岔无法扳至反位故障。

（1）当故障发生时 6#道岔 A 机未启动。

（2）6#道岔 A 机启动电路中 DBQ 故障造成。

（3）更换 A 机启动电路 DBQ。

故障案例 46：尖端铁连接销

某某线某某站，1#、2#道岔不能扳至反位故障。

（1）2#道岔表示缺口与前晚调整的有偏差，现场进行调整。

（2）更换 2#道岔尖端铁连接销，解决旷量问题。

故障案例 47：DBQ

某某线某某站，1#、2#道岔无定位、反位表示故障。

（1）1#道岔 B 机的 DBQ 指示灯闪动不正常，闪动时间短，造成 B 机输出短，道岔不能转换到位。

（2）1#道岔 B 机启动电路中 DBQ 故障造成。

（3）对室内、室外设备进行故障复查。室内检查了组合架配线连接良好，组合架熔断器正常，测量 DBQ 端子间电压为 396 V，测量 BHJ 电压为 24 V，1DQJ、2DQJ、1DQJF、DBJ、FBJ 动作正常；室外检查了电缆盒、分线盒、转辙机配线无松动和虚接现象，动接点、静接点接触良好，磨耗正常，测量电机减速器线间电阻值为 AB 14.5 Ω，AC 14.6 Ω，BC 14.5 Ω，检查 B 机表示口符合标准，手摇转辙机动作正常，无卡阻，测量道岔拉力符合标准，道岔外部各部无卡阻，动作正常。

故障案例 48：动接点、静接点

某某线某某站，3#/4#道岔无法扳至定位故障。

（1）3#转辙机自动开闭器动、静接点 23～24 之间有油泥，导致表示电路断开，造成定位无表示故障。

（2）更换 3#转辙机自动开闭器动、静接点后正常。

故障案例 49：尖端连接杆螺栓松动，有旷量

1 号线某某站，7#道岔故障。

（1）7#道岔尖端连接杆螺栓松动，有旷量。

（2）更换后正常。

参 考 文 献

［1］济南铁路局电务处，济南铁路局职教处．车站与区间信号知识手册［M］．北京：中国铁道出版社，2010.

［2］铁路职工岗位培训教材编审委员会．信号工（机车信号设备与列车运行监控装置维修）［M］．北京：中国铁道出版社，2010.

［3］汪新亮，霍本友．速记电动转辙机内部电路图的方法［J］．铁道通信信号．2008：23-24.

［4］梅红涛．浅谈电动转辙机入所修的修前检查［J］．铁道通信信号．2010，46（6）：58-59.

［5］魏君，卢伟，梁宏伟．ZD6型电动转辙机道岔控制电路工作原理及故障处理［J］．科学技术创新．2018（19）：4-5.

［6］白冰．ZD6型转辙机的故障检测与故障处理［J］．科技创新与应用．2015（17）：3-4.

［7］李洪涛．ZD6电动转辙机的维修和故障处理［J］．民营科技．2017（12）：46.